STORYBOARD

작화 이윤호 감독 박찬욱

어쩔 수가 없다

박찬욱

<달은… 해가 꾸는 꿈>을 통해 영화감독으로 데뷔했다. <3인조>, <공동경비구역 JSA>, <복수는 나의 것>,
<여섯 개의 시선 : 믿거나 말거나, 찬드라의 경우>, <올드보이>, <쓰리, 몬스터 : 컷>, <친절한 금자씨>,
<싸이보그지만 괜찮아>, <박쥐>, <파란만장>, <스토커>, <고진감래>, <A Rose Reborn>, <아가씨>,
<격세지감>, <리틀 드러머 걸>, <일장춘몽>, <헤어질 결심>, <동조자>, <어쩔수가없다> 등의 작품을 만들었다.
지은 책으로 『박찬욱의 몽타주』, 『박찬욱의 오마주』, 『박쥐 각본』, 『아가씨 각본』, 『친절한 금자씨 각본』,
『싸이보그지만 괜찮아 각본』, 『각본 비밀은 없다』, 『아가씨 아카입』, 『미쓰 홍당무 각본집』, 『아가씨 가까이』,
『너의 표정』, 『헤어질 결심 각본』, 『헤어질 결심 스토리보드북』, 『어떻게 헤어질 결심을』, 『전,란 각본』,
『어쩔수가없다 각본』이 있다.

이윤호

호남대학교 연극영화과를 졸업하고 '콘티브라더스'에서 스토리보드 작가로 데뷔했다. <범죄도시>,
<극한직업>, <봉오동 전투>, <헤어질 결심> 등 여러 상업 장편 영화의 스토리 보드 작업을 하고 있다.

어쩔수가없다 스토리보드북

ⓒ 2026 CJ ENM CORPORATION, MOHO FILM ALL RIGHTS RESERVED

발행일   2026년 2월 25일 초판 1쇄

감독   박찬욱
작화   이윤호
지은이   박찬욱, 이경미, 돈 맥켈러, 이자혜
펴낸이   정상준
펴낸곳   (주)을유문화사

창립일   1945년 12월 1일
주소   서울시 마포구 서교동 469-48
전화   02-733-8153
팩스   02-732-9154
홈페이지 www.eulyoo.co.kr

ISBN   978-89-324-7600-1 03680

스토리보드 안내

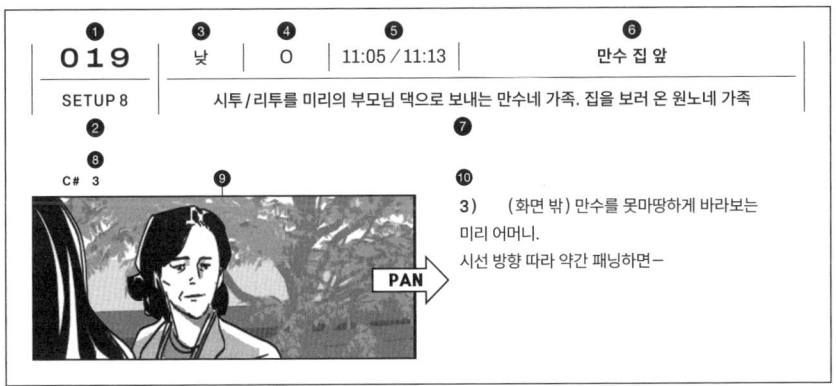

❶	❸	❹	❺	❻
019	낮	O	11:05 / 11:13	만수 집 앞
SETUP 8	시투 / 리투를 미리의 부모님 댁으로 보내는 만수네 가족. 집을 보러 온 원노네 가족			

❷

❽
C# 3

❾

❿
3)　(화면 밖) 만수를 못마땅하게 바라보는
미리 어머니.
시선 방향 따라 약간 패닝하면 −

PAN

① 씬 넘버
② 씬별 촬영 셋업 수
③ 시간 (새벽, 동틀녘, 낮, 해거름, 밤)
④ L, S, O (L = Location, S = Set, O = Open Set)
⑤ 영화 속 시간
⑥ 영화 속 장소
⑦ 씬 설명

⑧ 컷 넘버
⑨ 컷 그림
⑩ 컷 설명

C# 1

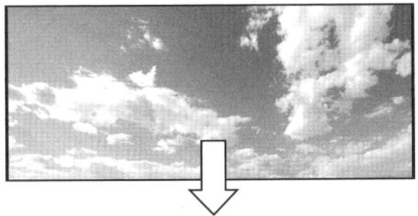

1)　모차르트 23번 협주곡의 감정 풍부한 관현악 연주가 시작되면서 화면 밝아지면, 늦은 오후다운 청록색 하늘과 온기가 감도는 구름.
카메라 붐다운-

일요일 저녁 식사를 위해 바비큐 그릴에 장어를 굽는 유만수의 얼굴이 프레임인된다.
자연스럽게 기른 수염과 혈색 좋은 뺨. 불기운 때문에 이마와 콧등에 땀이 맺혔다.
누군가 첼로로 짧은 악구를 무한 반복하는 소리가 틀린나.

머리칼을 흔드는 희미한 바람을 느끼고 눈을 드는 만수, 주위를 둘러보며 나직한 한마디-

만수
그래…… 와라, 가을아.

빨간 꽃잎이 날아오자 배롱나무를 보는 만수.

C# 2-1

2-1)　만수 시점 - 아기자기 잘 가꾼 정원에 있는 배롱나무.
줌인해서-

배롱나무의 근육질 몸통과 가지. 꽃잎이 흩날린다.
어느새 모차르트는 작은 포터블 스피커에서 나오는 음질로 바뀌었다.
우향 패닝하면-

PAN

C# 2-2

2-2) 시투 / 리투가 밥을 먹고 있다.
패닝 계속해서 집을 훑어가다가―

야외 테이블에 앉아 아이패드 들여다보는 시원이
프레임인된다.

집에서 접시를 가지고 나온 이미리가 프레임인해서
테이블에 접시를 늘어놓는다.

미리 얼굴로 붐업.

카메라를 돌아보는 미리.

C# 2-3

2-3) 큰 접시를 들고 다가오는 미리.

미리
당신 좋아하나 봐?
이 비싼 장어를 다 보내고.

C# 3

3) 만수에게 걸어가는 미리.
상자에서 장어 한 마리를 더 꺼내는 만수, 뱀처럼
긴 몸통을 그릴 위에 올려놓으며 −

만수
좋아서 주나, 더 부려먹으려고 주지.

C# 4

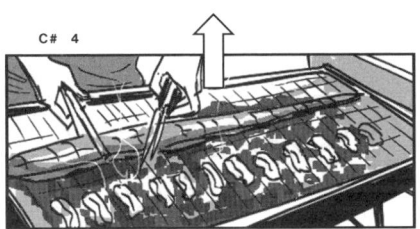

4) 다 구워진 장어를 자르는 만수.

미리
(소리)
미국 사람들도 남자한테
좋단 건 아나 부네, 장어가.

틸트업하면 −

만수, 부러 느끼한 눈빛을 보내며 −

만수
하필이먼 낭신 생일에 모냈네?

C# 5-1

5-1) 어깨로 미는 미리.

미리
으·이그····

9

C# 5-2

5-2) 툭 건드렸을 뿐인데 어구구구 해 가면서 픽 쓰러지는 만수.

죽어 가는 사람처럼 손을 뻗으며 신음-

만수
으 으- 장어가 필요해····

'웃어 주면 썰렁한 농담, 버릇 돼····'
표정으로, 잘라 놓은 장어 토막들을 접시에 담고
돌아서는 미리.
테크노 크레인, 후진하는 카메라.
미리, 2층 베란다를 향해 소리친다.

미리
리원아, 와서 먹어야지!
아빠가 힘들게 구웠는데.

미리 뒤로 포커스아웃된 만수, 머쓱하게 혼자
일어난다.
카메라 붐업/틸트다운-

집으로 오는 만수 움직임 따라 패닝-

집으로 들어가는 만수.
테이블에 접시를 내려놓는 미리.
시원, 역겹다는 듯 음식을 보며-

시원
뱀이야?

카메라 상승-

10

C# 5-3

5-3) 2층 작은 정원을 지나는 카메라.

미리
(소리)
이 맛 안 나지, 뱀은.
이거 회사에서 보낸 거다? 아빠 일 잘한다고.

베란다 한복판에 앉아 첼로 연습하는 리원이
프레임인된다.
만수, 프레임인한다.

만수
리원아, 밥.

만수가 팔을 벌리자 첼로를 놓고 안기는 리원.

C# 6

6) 장어를 씹으며 앉으려고 의자를 끌어내다가
선물 상자를 발견하는 미리.
열어 보니 고급 댄스 슈즈. 입꼬리가 올라가더니
2층을 향해 소리친다.

미리
여보! 비쌀 텐데!!!

현관에서 리원을 안고 나오는 만수.

만수
댄스 슈즈가 뭐 비싸 봤자지 뭐⋯⋯

미소를 숨기는 만수, 리원을 오빠 옆자리에 앉히고
바비큐 그릴로 돌아가며 프레임아웃.

C# 7

7) 새 신을 신는 미리, 프레임아웃.

| 낮 | O | 18:40 | 만수 집 마당 |

마당에서 장어 바비큐를 즐기며 평온한 시간을 보내는 만수네 가족

C# 8

8) 장어를 자르는 만수. 프레임인하는 미리, 뒤에서 남편을 안아 준다.

미리
신 선물하는 거 아닌데~

C# 9

9) 시원, 엄마에게—

시원
왜?

따라 하는 리원.

C# 10

10) 미리, 만수를 보며—

미리
신고 달아난다고.

장난꾸러기 같은 눈빛으로 힐끗 남편을 본다.

미리
너네 아빠 자신 있나 부다야.

C# 11

11) 미소를 보여 주는 만수.

C# 12

12) **10) 연결.** 남편의 자신감 넘치는 미소를 확인하자 기분이 좋아지는 미리.

미리
먹자.

남편 손을 잡아 끈다.

C# 13

13) **11) 연결.** 만수, 미리 손에 이끌려····

프레임아웃.

C# 14

14) 근경에 배롱나무. 춤추며 야외 테이블로 가는
부부. 만수는 춤을 좋아하지 않지만 아내를 위해
참는다.

미리
연습해야 돼, 틈만 나면.

시투 / 리투가 따라온다.

부부, 테이블 의자에 앉는다.
시투 / 리투도 근처에 앉는다.

C# 15-1

15-1) 아이스 버킷에서 하프 보틀 와인병을 꺼내
미리에게 와인을 따라 주는 만수.

C# 15-2

15-2) 만수, 제 잔에는 콜라를 따른다.
미리, 미안해서 더 활기차게 와인 잔을 들어 보이며 −

미리
내 생일이니까!

C# 16

16) 씁쓸한 미소를 짓는 만수, 콜라 잔을 들고 −

만수
먹고 죽는 거야, 오늘!

C# 17

17) **15) 연결.** 남편 뺨을 쓰다듬는 미리.

만수
생일 축하해!

C# 18

18) 네 식구 건배.

시원 / 리원
생일 축하해!

콜라를 마시고 술꾼처럼 '캬아!' 하는 시원,
따라 하는 리원.
시원은 그새 장어 맛에 설득됐다.
리원은 소시지만 먹는다.

C# 19-1

19-1) 17) 연결. 만수, 장어 선물 상자에 들었던
종이가 눈에 들어온다.

C# 19-2

19-2) 왼손으로 박엽지를 집어 드는 만수.

C# 20

20) 해를 향한 앵글. 박엽지 든 손이 프레임인한다. '긴 세월 한결같이 [태양 제지]에 헌신해 오신 귀하의 노고에 감사드립니다'라고 인쇄된, 은은한 녹색이 감도는 박엽지.

만수 오른손이 프레임인해, 엄지와 검지로 종이를 살살 만진다.
앞뒤, 위아래를 바꿔서 보는 만수.

C# 21

21) 광각렌즈. 박엽지를 햇빛에 비춰 지질을 관찰하는 만수.

미리 손이 프레임에 들어와 종이를 채 간다.

| 낮 | O | 18:40 | 만수 집 마당 |

마당에서 장어 바비큐를 즐기며 평온한 시간을 보내는 만수네 가족

C# 22

22) 광각렌즈.
미리
아유, 고만 좀 해.

C# 23

23) 21)**연결.** 멋쩍게 웃는 만수.

C# 24

24) 22)**연결.** 일어서는 만수.
카메라 붐업—

만수, 아내 허리에 팔을 두른다.

테이블로부터 약간 멀어지면서 아들딸에게 손짓.
포옹하는 팔 모양.

C# 25

25) 18) **연결.** 한숨 쉬는 시원/리원, '으~ 또….'
표정.

C# 26

26) 24) **연결.** 그러거나 말거나 계속 손짓하는 만수.

C# 27

27) 14) **연결.** 하는 수 없다는 듯 엄마 아빠에게 와
안기는 두 자식.

28) 하늘을 보는 만수. 뉘엿뉘엿 해가 진다.
만수, 삶이 그럭저럭 만족스럽다.

시원/리원
(소리)
답답해.
만수
조금만 더… 삼 분만.
(처자식들이 낑낑대자 재빨리)
일 분만.
(처자식들이 낑낑대려고 하자 재빨리)
삼십 초!

C# 28

C# 29

29) 미리, 빙긋 웃는다.

C# 30

30) 시원/리원, 웃는다.

C# 31

31) **28) 연결.** 숨만 쉬면서 가만히 선 채로 한 덩어리가 된 가족. 시투/리투도 모인다.

C# 32

32) 시투/리투도 사람 다리 사이로 파고든다.

만수
(소리)
지금 내 기분이 어떤지 알아?

C# 33

33) **29) 연결.** 만수를 보는 미리.

C# 34

34)
　　　　만수
　　다 이루었다.

C# 35

35)　한 덩어리가 된 여섯 식구. 멀리 집 정면.

이 30초 동안 햇빛이 약간 어두워진다.

| 낮 | L | 14:23 / 14:38 | **[태양 제지] 공장** |

생산 라인을 순서대로 따라가며 공장을 관리하는 만수

C# 1

1) 긴 디졸브. 회전하는 원통.

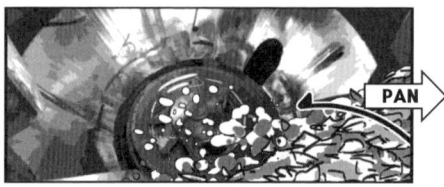

펄프가 흘러들어 가 소용돌이를 이룬다.
패닝—

PAN

원통으로 흘러드는 펄프.

PAN

C# 2

2) 다음 공정. 기계를 들여다보는 앳된 노동자.
멀리서 나타나는 만수····

만수
(소리)
"당신들은 내 인생 25년을 바친
[태양 제지]를 인수했습니다. 근데
인수하자마자 생산 라인에서
20프로를 자른다고요?"

C# 3

3) 앳된 노동자 뒤에서 같이 기계를 들여다보면서
말을 건다.

만수
(소리)
"날더러 해고자 명단을 내놓으라고요?
나한테 일을 가르쳐 준
이 베테랑들의 이름····"

C# 4

4) **2) 연결.** 대화를 마치고 계단을 향해 가는 만수····
우향 트래킹 / 좌향 패닝 –

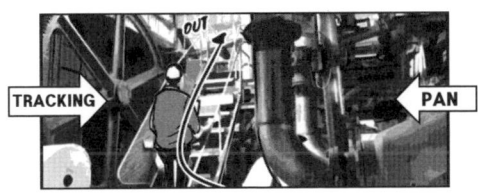

계단을 올라 프레임아웃한다.

C# 5-1

5-1) 계단을 올라오면서 프레임인하는 만수,
계속 걷는다.
트래킹 –

레일에 올려진 카트를 밀고 오는 노동자와 하이파이브.

만수
(소리)
"이 공장에서 자란 아이들의 이름····"

만수 따라 트래킹 –

벽에 둔 아이스박스에서 얼음 생수병을 하나 꺼내 들고 가는 만수····

C# 5-2

5-2) 2번 라인에 도착한다.
만수, 높은 데 서서 일하는 할아버지 노동자를
올려다본다. 양동이에 생수를 넣고⋯

도르래를 감아 올려 준다.

C# 6

6) 만수 시점 – 생수를 받아 들고 고맙다고
손짓하는 할아버지 노동자. 한 모금 마신다.

만수
(소리)
"이 기계들을 자식으로 여기는
이의 이름을⋯

C# 7

7) 라인 중간에 설치된 콘솔로 걸어오는 만수,
클립보드에 끼운 서류를 들여다보기도 하면서
다이얼을 조작한다.
옆 콘솔로 이동하는 만수 따라 트래킹 –

다이얼을 조작하는 만수.

C# 8

8) 롤러에 감기는 종이를 만지고 있는 털보 노동자.
만수, 프레임인한다.

북채로 롤러에 감긴 종이를 두드리는 만수. (VFX)
기계 위에 커다랗게 걸린 낡은 판자에 적힌
'멈추고! 생각하고! 행동하라!'

> 만수
> (소리)
> ⋯⋯이 순박한 노동자들한테
> 칼을 겨누라고요? 안 될 말이죠,
> 칼은 적을 찌르라고 있는 거 아닌가요?"

C# 9

9) 털보 노동자가 턱짓한다.

C# 10

10) 돌아보는 만수. 만수 너머로 커다란 문이
열린다. 햇빛이 쏟아져 들어온다.

잘 보이는 위치로 이동하는 만수.

SETUP 11   생산 라인을 순서대로 따라가며 공장을 관리하는 만수

C# 11

11) 걸어 나오는 만수의 더블액션. 뒤로 털보
노동자도 몇 걸음 온다. 또 뒤로 앳된 노동자가
나타나 선다. 만수 얼굴에 햇빛이 점점 강하게 비친다.

C# 12

12) 만수 시점 – 대여섯 미국인들이 들어온다.
태양 제지 공장장이 안전모를 나눠 주면서
가이드한다. 강한 역광.

만수

(소리)

"전 그 명단을 작성할 수 없습다."

C# 1

1) 통나무를 운반하는 트럭들이 일으키는 소음 때문에 고함치듯 큰소리로−

만수
"미국에선 해고를
'도끼질한다'고 한다면서요?

호형 트래킹−

만수
한국에서는 뭐라는지 아세요?
(손날로 제 목을 스윽 긋는 시늉)
'너 모가지야!'⋯⋯

C# 2

2) 담배 뻑뻑 피우는 동료 셋을 앞에 놓고 리허설하는 만수. 통나무 산이 멀리 보인다.

트럭이 지나간다.
만수
⋯⋯그러니까 해고란, 도끼로 사람 목을 댕강 가르는 짓이 아니겠습니까?"

박수 치는 노동자들.

C# 3-1

3-1) 1)**연결**. 만수, 신이 나 기세를 이어 가려 하지만 다음 문장이 생각나지 않는다.

C# 3-2

3-2) 왼 손바닥을 내려다본다.

C# 4

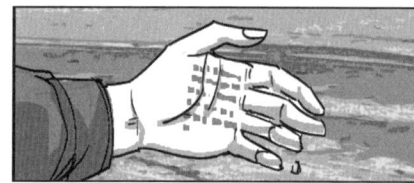

4) 만수 시점 – 키워드들을 나열한 제 손글씨를
들여다보고 자신감을 되찾은 만수, 큰소리로–

C# 5

5) 3) 연결.

만수
"창업 때 선대 회장님께서 근로자 대표하고
약속을 딱 했다 이겁니다. 노조 안 만드는
대신에 평생 직장을 보장한다!
이게 신사협정이거든, 신사협정!
근데 아들 회장님이 이렇게 아름다운 전통을
헌신짝처럼····"

만수
(트럭 하나가 가까이 지나가는 바람에
목소리를 잡아먹자 더 크게)
"헌신짝처럼 내버리고, 응?
당신네 미국 사람들한테 말이야····"

만수
(소리가 갈라지자 기침을 하고)
아, 목 아파. 창고에서 하자니까 진짜····
담배 핀다고 이게 뭐냐? 끊어라 좀.

| 낮 | L | 15:00 | [태양 제지] 공장 뒤 야적장 |

해고 위기에 처한 동료들을 대신해 리허설하는 만수

C# 6

6)

　　　　　　앳된 노동자
　　　　　　（미안한 표정）
　　　우리 반장님 진짜 준비 많이 하셨네!
　　　　　　할아버지 노동자
　나 몰라라 해도 되는데 이렇게 자기 일처럼⋯⋯

C# 7

7)　　5) 연결.

　　　　　　　만수
　　　　내 일이죠, 내 일!
　여러분 짤리면 난 누구 데리고 일해요.

C# 8

8)　　6) 연결.

　　　　　　털보 노동자
　　　　　　（끄덕끄덕）
　　　　인간미 있어⋯⋯
나머지 둘도 동의하는 끄덕거림.

C# 9

9)　　7) 연결. 만수, 이 평가가 퍽 마음에 든다.

C# 1

1) 옆으로 누운 굴뚝.
회전하는 카메라.

굴뚝이 바로 선다.
만수가 야적장 쪽에서 잔디밭을 가로질러 뛰어오고
있다. 뒤따르는 세 노동자.
만수를 기다렸다가 데리고 후진하면서 패닝하는
카메라.

검은 에스컬레이드 두 대에 타기 전에 안전모를
벗어 반납하는 미국인들이 프레임인된다.
공장장의 부하 직원에게서 반납 상자를 빼앗아 드는
만수, 두리번거리며 사람을 찾는다.
화면 밖 인사 책임자를 발견하고 다가간다.
패닝—

만수 어깨너머로 통역과 인사 책임자가 프레임인된다.

C# 2

2)   리버스. 시선은 인사 책임자에게 둔 채
손으로는 통역의 팔꿈치를 붙잡고 다급하게—

만수
미국에선 해고를 '도끼질한다'고 한다면서요?
한국에서는 뭐라는지 아세요?

손날로 목을 그으려고 한다.

C# 3

3)   1)연결. 첫 문장 통역을 들은 인사 책임자가
난처한 표정을 짓더니 손목시계를 가리키며 —

인사 책임자
(영어)
미안합니다. 어쩔 수가 없습니다.
I'm sorry. There's no other choice.

인사 책임자 따라 패닝—
안전모 쓴 채로 급히 차에 탄다. 에스컬레이드
가까이 선 공장장이 프레임인된다.

태양 제지 공장장
야, 안전모 줘야지! 헤이, 맨! ⋯⋯왜 저래?

따라온 만수, 차 문 닫힐 때까지 하소연을
계속한다.

만수
"너 모가지야!" 그러니까 해고란,
도끼로 사람 목을 댕강 자르는 짓이
아니겠습니까?

차 출발.

차 한 대가 더 프레임인해 만수 앞을 지나간다.
차를 따라가는 공장장, 만수를 지나쳐 프레임
아웃. 만수, 상자를 들고 뻘쭘하게 섰다.

에스컬레이드 두 대가 멀어진다. 만수를 향해
돌아서는 공장장. 걱정스레—

태양 제지 공장장
너 혹시 장어 선물 받았나?

C# 4

4) 공장장을 보는 만수.
카메라 전진해서—

만수를 프레임아웃시킨다. 불길한 느낌에 사로잡히는
털보 노동자와 할아버지 노동자, 마주 본다.
앳된 노동자만 못 알아듣고 갸우뚱.

C# 5

5)
　　　　　태양 제지 공장장
　　　　　아니지?

C# 6

6) 만수, 입은 약간 헤 벌린 채 멍한 눈길로
공장장을 본다.

C# 7

7) 5) 연결.
　　　　　태양 제지 공장장
　　　　　야, 유 반장?

C# 8

8)   6) **연결**. 질문의 의미를 추측하려 애쓰는 만수.

C# 9

9)   7) **연결**. 답을 기다리는 공장장.

C# 1

1) 근심 어린 표정으로 멍하니 선 만수.

C# 2

2)

　　　　　미리
　　　　여보?

C# 3

3)　**1) 연결.** 퍼뜩 정신을 차리는 만수.

　　　　　만수
　　　　응-?

C# 4

4)　**2) 연결.** 리원의 첼로 케이스를 든 미리,
남편을 빤히 본다.

　　　　　미리
　　　　할 얘기 있다며.

C# 5

5)　**3) 연결.** 만수, 미소를 급조한다.

　　　　　만수
　　　　응? 까먹었다.

C# 6

6) 4) 연결.

미리
출근 안 해?

C# 7

7) 5) 연결.

만수
아⋯⋯ 그렇지 그렇지!

C# 8

8) 6) 연결. 프레임인하는 만수. 서둘러 첼로를
빼앗아 들고 미리의 쏘렌토 뒷좌석에 싣는다.

아들과 포옹하는 미리.

C# 9

9) 네 사람, 두 개한테 뽀뽀한다.

C# 10

10) 딸과 포옹하는 만수. 리원은 책가방을 앞으로 메서 포옹할 때 밀착이 안 된다.

C# 11

11) 9)연결.

시원
(집을 가리키며)
시투/리투, 하우스!

시투/리투가 달려 들어가자 게이트를 잠그는 만수.

아들은 아빠 차에, 딸은 엄마 차에 탄다.

C# 12

12) 그랜저 운전석에 앉는 만수, 아내 차를 본다.

C# 13

13) 만수 어깨너머로 미리 차 출발.

C# 14

14) 12) **연결**. 만수 차 앞으로 지나가는 미리 차.
멍하니 지켜보는 만수.

C# 1

1)　강사의 손. 오른손 네 손가락 끝으로 왼 손목 안쪽을 톡톡 두드린다.
카메라, 호형 트래킹—

　　　　　　　　강사
　　　　　　　　(소리)
　맥박과 같은 박자로 혈을 자극하세요‥‥

줌아웃—

전도사처럼 입고 조곤조곤 이야기하는 긴 생머리의 여성 강사, 노동자들로 이루어진 원의 중심에 섰다. 그 자리에서 천천히 몸을 한 바퀴 돌리면서 시범한다.

강사의 움직임과 반대 방향으로 호형 트래킹—

　　　　　　　　강사
　몸과 영혼이 하나가 되도록 합니다‥‥
　혈액은 희망을 싣고 순환합니다‥‥

시범을 따라 자기 손목을 반복적으로 두드리며 스스로 바보 같다고 느끼는 사내들.

멀리 만수에게 초점 이동.
심지어 동작조차 따라 하지 않던 만수, 불현듯 화가 치밀어 올라 고함친다.

　　　　　　　　만수
　　25년이나 부려 먹었으면서!

C# 2-1

2-1)　털보 노동자와 할아버지 노동자가 걱정스러운 표정으로 만수를 본다.
카메라 후진—

C# 2-2

2-2) 만수가 프레임인된다. 소리 질러 놓고 모두
저를 보니까 창피하다.
프레임인하는 강사, 만수 어깨에 손을 얹는다.
강사, 다 이해한다는 듯 끄덕끄덕. 식식거리는
만수에게—

강사
흐읍, 하아, 심호흡, 흐읍, 하아……

강사가 몸 건드리는 게 싫어서 이제 진정됐다는 듯
손짓하는 만수.
자기 방법이 잘 작동했다고 생각하는 강사,
미소 지으며 더 가까이 다가온다.

C# 3

3) 만수 시점 – 부담스럽게 들이댄 강사 얼굴.

강사
흐읍, 하아, 흐읍, 하아……

C# 4

4) 강사가 숨을 내쉴 때 입에서 나온 바람에
머리카락이 흔들흔들. 만수, 괴롭다.

C# 1

1) 큰 기합 소리와 함께 공을 받아치는 미리.

C# 2

2) 받아넘기는 상대의 너머로 보이는 미리.
또 한 번 친다.

C# 3

PAN ← PAN →

3) **1) 연결.** 집중한 눈빛과 빠른 발. 미리,
다시 넘어온 공을 한 번 더 친다. 좌우로 움직이며
공 넘어오기를 기다리는 미리의 긴장한 얼굴.
좌우 패닝 —

공이 넘어오자 혼신의 힘을 다해 스매싱.

C# 4

4) 그물에 걸려 떨어지는 공.

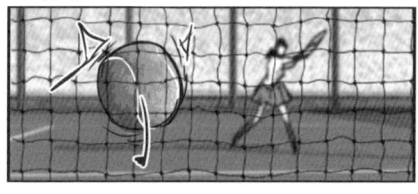

속상해서 팔짝팔짝 뛰며 소리 지르는 미리.
미리는 승부욕이 있다.

C# 1

1) 이젤에 겹쳐 놓은 얇은 보드 몇 장을 드는 강사.
맨 위 보드에 '나는'이라고 적혔고 그 뒤는
흰 종이로 가려져 있다.

강사
세 번 따라 하세요,
나는···· 나는···· 나는····

손짓하자 사람들이 따라 한다. 사람들에게
보드를 보여 주느라 한 바퀴 몸을 돌리는 강사.
카메라도 따라 원형 트래킹하면서 보드를 향해
줌인−

보드에 붙은 흰 스티커를 주욱 뜯어서 버리는 강사.

'나는'에 이어지는, '좋은 사람이다'가 드러난다.

C# 2

2) 보드를 들고 오른손으로는 왼 손목을
두드리면서 한 바퀴 도는 강사, 주문을 선창한다.

강사
좋은 사람이다! 나는 좋은 사람이다.
자, 세 번 따라하세요.
(더 크게)
나는 좋은 사람이다.

사람들, 복창한다. 특히 만수에게 강요의 눈빛을
보내는 강사.

C# 3

3) 결국 만수도 따라 하기 시작한다.

C# 4

4) **2) 연결.** 비로소 만족하는 강사, '나는 좋은 사람이다' 보드를 휙 던져 버린다.

C# 5

5) **1) 연결.** 그다음 2번 보드에는 '실직은'이라고 적혔고, 그 뒤는 가려졌다.

C# 6

6) 한심해하던 만수, 관심이 생긴다. 그 뒤에 뭐라고 써 있을까?

C# 7

7)
>   강사
>   실직은? 실직은?

보드로 패닝─

강사, 스티커를 뗀다. '내 잘못이 아니다'가 드러난다.

C# 8

8)   6) 연결. 만수, 울컥.

　　　　　　강사
　　　　　　(소리)
　　　　····내 잘못이 아니다····
　　　　실직은 내 잘못이 아니다.

세 번 반복. 사람들 더 열심히 따라 한다.

C# 9

9)   2번 보드를 던지는 강사.

C# 10

10)   '사랑하는 내 가족은'이라고 적힌 3번 보드.

　　　　　　강사
　　　　　　(소리)
　　　　사랑하는 내 가족은····

강사의 손이 스티커를 떼자, '내가 새 기회를
찾는 동안 온 마음으로 날 지지한다'가 드러난다.
강사 얼굴로 패닝—

이번에는 관자놀이를 두드리는 강사.

　　　　　　강사
　　　　····내가 새 기회를 찾는 동안
　　　　온 마음으로 날 지지한다.

C# 11

11) 관자놀이를 두드리는 손. 털보 노동자,
눈물을 흘리며 —

털보 노동자
사랑하는 내 가족은 내가 새 기회를 찾는 동안
온 마음으로 날 지지한다.

호형 트래킹 —

(화면 밖에서) 강사가 자세를 바꿨는지
노동자들이 손을 이마 한가운데로 옮겨
두드리기 시작한다.
모두 눈물을 삼킨다.

카메라, 만수에게 도착.
만수, 이제는 누구 못지않게 진심이다.

만수
‥‥내가 새 기회를 찾는 동안 온 마음으로
날 지지한다. 사랑하는 내 가족은
내가 새 기회를 찾는 동안
온 마음으로 날 지지한다.

강사
(소리)
사랑하는 내 가족은 내가
새 기회를 찾는 동안 온 마음으로
날 지지한다‥‥

C# 1

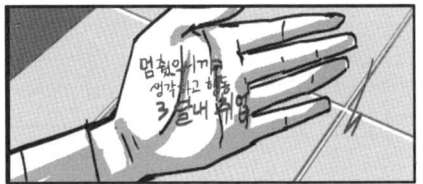

1)　강사의 선창에 따라 중얼중얼 자기 최면의 주문을 외는 남자들의 합창이 빈 복도에 퍼진다.

강사 / 해고자들
(소리)
나는 창피할 것이 하나도 없다‥‥
나는 가족에게 감출 것이 전혀 없다‥‥

카메라 후진 / 하강하면 —

창가에 선 만수가 프레임인된다.
이어폰 꽂고 오른손에 전화기를 든 채 왼 손바닥을 들여다본다.

미리
(소리)
응.

손바닥을 보다가 막상 상대가 전화를 받자 움찔하는 만수.
왼손을 쥔다.
상승 / 전진하는 카메라 —

만수
여보, 내가 꼭 할 말이 있어서. 이어폰 낄래?

말을 잇지 못하고 어금니를 꽉 깨무는 만수, 머릿속이 하얘졌다. 왼 손바닥을 내려다보며 혀로 입술을 적신다.

C# 2

2)　손바닥 메모 — 빨간 볼펜으로 적은 '멈췄으니까 생각하고 행동', '3달 내 취업' 등의 키워드들.

C# 1

1)　이어폰 낀 미리, 코트 옆에 놓인 벤치에 앉아
만수 말을 듣는다.
> 미리
> 언제? ……아유, 왜 바로 말을 안 해……

호형 트래킹 –
> 미리
> 미안할 게 뭐야, 당신 잘못이 아닌데.
> 에구, 그동안 잠두 못 잤겠다……

미리 너머 멀리, 혼자 서브 연습하다가 이쪽을
힐끔거리는 오진호가 보인다.

C# 2

2)　미리 시점 – 휴대전화 속 만수, 울컥한다.

C# 3

3)　1) 연결.
> 미리
> 당신 울어?
> (쾌활하게 웃는 표정을 만들고)
> 싱글맘한테 청혼했던 그 용감한 총각
> 어디 갔어? 나도 새출발했잖아,
> 당신도 할 수 있어.
> ……그래, 석 달 안에 될 거야…… 또 울어?
> 울라고 한 소리 아닌데?
> 울지 말라고 한 소린데!

미리가 전화 끊을 때 진호에게 초점 이동.

C# 4

4) 진호 시점 – 고개 푹 숙이는 미리.
방금 남편에게 말할 때 보였던 씩씩한 태도와는 다르다.
다가가는 핸드헬드 카메라.

호형 트래킹 –

미리 앞에 프레임인하는 진호.

C# 5

5) 가까이 다가온 진호가 걱정하는 표정으로
안색을 살핀다.
진호
미리 씨, 괜찮아요?

C# 6

6)　　반사적으로 고개를 드는 미리, 얼빠진 눈으로
진호를 한참 보다가 또 고개 푹.

C# 1

1) 문을 마주본 앵글. 이제 커튼이 닫혀 어둑어둑하고, 해고들은 원의 밖을 향해 돌아앉아 있다.
각자의 주문을 왼다.
뒷문이 살짝 열리고 통화를 막 마친 만수가 입장한다.

강사
각자 자기만의 주문을 외웁니다,
자발적으로 우러나는 소망과 염원을 담아!
자, 시~작!

해고들, 하나같이 열심이다.
남은 눈물을 닦으며 살금살금 들어와 앉으며
주변 사람들을 살피는 만수. 만수도 저만의
주문을 소리 내 읊으며 대열에 합류한다.

의자에 앉는 만수를 향해 카메라 전진.

만수
새출발새출발새출발, 나는 남자다,
나는 가장이다, 나는 거듭난다,
나는 식구들 입에 밥을 넣어 주기 위해
무슨 짓이든 한다, 나는 내 집을 지킨다.

더 큰 소리로 말하고, 더 빠르게 양손으로
혈자리를 두드린다. 자신감이 생겼다, 잘 해낼 것이다,
웃음꽃이 서서히 피어난다.

C# 2

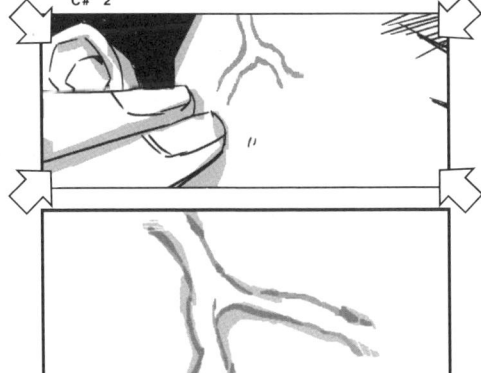

2) 익스트림 클로즈업 – 손가락이 두드리는
관자놀이에 정맥이 울룩불룩 꿈직인다.
줌인—

정맥이 울룩불룩. (VFX) 심장 박동 소리.

만수
(소리)
나는 석 달 안에 반드시
재취업에 성공한다.

47

C# 1

1) 자막 – 13개월 후.
직원 유니폼 차림에 이어폰 낀 만수, 좌우를
살핀다. 어깨에 멘 무거운 상자를 어디 놓아야
할지 찾으면서 걷는다. 치통 때문에 찡그린다.
한 손으로 뺨을 문지른다. 수염이 싹 사라진
얼굴은 깔끔하다기보다는 좀 취약해 보인다.

C# 2

2) 창고형 마트 전경.
옆에 서 태블릿 PC를 들여다보며 재고를 확인하던
매니저가 손가락으로 매대를 알려 준다.

만수, 방향을 정하고 온다. 휴대전화가 울리자
이름을 확인하더니, 매니저 눈치를 살피면서
몰래 전화 받는다. 목소리를 낮추고—

만수
어, 남구야. 알구 있어, 오늘 다섯 시.
남구
(소리)
형, 갑자기 미안한데요⋯⋯
혹시 정오에 와 주실 수 있을까?
만수
(재빨리 시계 보고)
지금 마트 와 있거든, 와이프하고.

상자를 매대에 내려놓는 만수.

남구
(소리)
아 씨, 사장이 갑자기 다섯 시 비행기로
중국 돌아가겠다고⋯⋯ 아무래도 어렵겠죠?
그럼 그렇게 얘기할⋯⋯
만수
아니, 아니! 잠깐만, 잠깐만!

이어폰을 빼 주머니에 넣는 만수, 전화기를 귀에
대고 주위를 두리번거린다.

C# 3

3)　(카메라 뒤) 매니저를 돌아보는 만수.

C# 4

4)　만수 시점 – 매니저.

　　　　　　　만수
　　와이프한테 사정 좀 해 볼게.

전진하는 핸드헬드 카메라.

C# 5

5)　3)**연결.** 카메라 후진하면서 만수를 매니저에게
데리고 간다. 만수의 절박한 표정.

C# 1

1) 굽실거리며 사정하는 만수와 뭐라고 설교하는
매니저가 조그맣게 보인다.
차량들이 내는 소음으로 말소리는 들리지 않는다.

매니저가 만수 몸 아래위를 손가락질하며 뭐라고
말하자 유니폼을 벗어 주는 만수.

트럭들이 떠나기 시작한다.

C# 2-1

2-1) B 카메라 – 유니폼을 벗어 주는 만수.

챙겨 들고 떠나는 매니저.
만수 옆 트럭이 움직인다.

C# 2-2

2-2) 트럭이 떠나자 속옷만 입고 선 만수가 탁 트인
시야에 노출된다. 고개를 푹 숙이고 분을 삭이는
만수. 뒤로 보이는 구경꾼들.

남구
(소리)
그래, 그럼 당장 오셔, 오시는데⋯⋯
꼭 나오는 질문이,
'당신의 단점은 뭐냐' 이거거든?
요거요거 중요미묘하니까
생각 좀 해 갖고 오셔요, 알았지?

C# 1

1)   대문 밖 편지함에서 우편물 봉투들을 꺼내는
미리의 손.

미리

(소리)

단점?

만수

(소리)

아무리 생각해도 모르겠네…

카메라 상승—

미리

뭐긴 뭐야…

미리 얼굴. 전화기를 어깨와 머리 사이에 끼었다.

미리

식물을 너무 사랑한단 거지.

편지함 잠그고 돌아서는 미리, 대문도 잠그고
집을 향해 걷는다. 은행이 보낸 봉투를 뜯는다.

미리

식물인간이잖아, 너.

멀어지는 미리, 시투 / 리투가 펄쩍펄쩍 뛰면서
주위를 빙글빙글 돈다.

만수

(소리)

뭐야, 어젯밤엔 동물이라며.

2)   미리, 킥킥 웃는다.

만수

(소리)

면접 들어가야 돼, 끊어.

C# 2

전화기를 어깨에 낀 채 걸음을 멈추는 미리, 체납
경고장을 읽는다. 시투 / 리투가 뛰어오를 때마다
프레임에 올라왔다 나갔다 한다. 개들에게 밀려
비틀비틀하는 미리.

C# 3

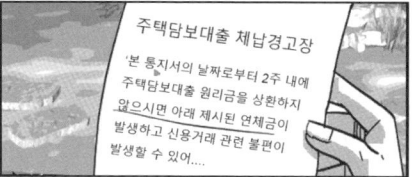

3)   미리 시점 – 주택담보대출 체납 경고장.
'본 통지서의 날짜로부터 2주 내에 주택담보대출
원리금을 상환하지 않으시면 아래 제시된
연체금이 발생하고 신용거래 관련
불편이 발생할 수 있어····'

C# 4

4)   2) 연결.
카메라 붐다운 −

햇빛이 확 들어온다.
미리, 봉투에서 나온 주택담보대출 체납 경고장을
읽으며 시름에 잠긴다.

C# 1

1) 상기된 얼굴로 앉은 만수, 남구를 본다.
앞 건물 유리창에 반사된 햇빛이 얼굴을 때리듯이
비춘다. 눈이 부셔 끔뻑거리는 만수, 손수건으로
땀 닦으면서 미소 지으려고 애쓴다.

2) 만수 어깨 너머 남구, 몰래 윙크한다.
중국인 사장의 손이 남구를 가리키고 있다.

중국인 사장
(중국어)
만일 [파피루스]에 채용된다면 최남구 씨⋯
如果你被[papyrus]所录用，那你就要在崔南久⋯
[rú guǒ nǐ bèi papyrus suǒ lù yòng,
nà me nǐ jiù yào zài cuī nán jiǔ⋯]

C# 2

TRACKING

거의 동시에 통역이 시작된다. 카메라 트래킹하면서
면접관들 모습이 드러난다. 네 사람 뒤로 큰 창과 햇빛.

중국인 사장
(중국어)
⋯밑에서 일하셔야 됩니다.
어떻게 생각하시는지 말해 주십쇼.
⋯的手下工作. 对此你的看法是什么.
[⋯de shǒu xià gōng zuò.
duì cǐ nǐ de kàn fǎ shì shén me.]

TRACKING

3) 치통과 햇빛 때문에 찡그리는 만수.

만수
관리직이었다곤 하지만 사실 전 언제나
제가 블루칼라라고 생각하거든요.

C# 3

왼 다리를 떨기 시작. 카메라 붐다운/틸트업 −
떨리는 왼 다리를 누르려고 오른 다리를 포갠다.

만수
지금 이런 본사 회의실 이런 덴⋯
내가 있을 곳은 그냥 시끄럽고 약품 냄새
진동하는 공장이다, 요게 편하다⋯

기습적인 치통 때문에 반사적으로 손이 왼뺨으로
올라가지만 가까스로 중간에 멈춘다. 그 올라간 손을
자연스럽게 처리하느라 제 넥타이 매듭을 만지며 −

만수
이런 옷두 무슨 호텔 지배인 된 거 같구요,
하하⋯

C# 4

4) 인사과장이 끼어든다.

인사과장
질문을 잘 파악을 좀 못하시는 거 같은데.
최남구 씨를……

C# 5

5) 3) 연결.

만수
아! 물론 파악했고요, 그러니까 제 말은,
공장에 있을 수만 있다면
누구 밑에서 일하느냐
이런 거 물론 안 중요하다! 이거죠.

좀 진정됐다 싶어 포갠 다리를 내리는 만수.
양 주먹을 양 무릎에 얹고 바로 앉는다.

C# 6

6) 4) 연결. 인사과장, '사장이 원한 답은 이거였어'
표정으로—

인사과장
파피루스엔 남구 씨가 먼저 왔으니까
남구 씨한테 배우셔야겠죠?

C# 7

7) 5) 연결.

만수
물론이죠! 전 항상 배우는 사람이니까요.
제가 고등학교 졸업하자마자
취업을 했잖아요,
근데 일하면서도 화학 학위를 땄거든요.
으음…… 물론 통신 대학이긴 하지만요.

왼 다리가 또 떨린다. 빠르고 힘차게 말하면서
주먹으로 꽉 눌러 보지만 실패, 오른 다리를 얹어
진정시켰다가 곧 내려놓는다.

C# 8

8) 2) 연결.

C# 9

9) 트랙인—

만수
물론 저는 그 후로도 계속 배워 나갔어요.
물론 그러면서도 안전관리!
제가 2019년 '올해의 펄프맨' 상을 받았을 때
평가받은 것도 물론 그 부분이었습니다.
바로 그해에, 제가 드디어
내 집 마련을 했는데요,
바로 제가 태어난 집을 샀거든요?
왜냐면, 물론…… 아 이거,
제가 '물론'을 너무 많이 쓰죠? 하하하……
긴장해서 그렇다기보다는
그 어떤 자신감? 확신?
그런 거죠, '물론'…… 하하하하하.

답변하면서 햇빛을 피해 면접관의 그림자 속으로
들어가려고 옆으로 슬금슬금 이동한다.

중국인 사장
(소리, 중국어)
실례가 안 된다면 당신의 단점이 뭔지
말해 줄 수 있습니까?
如果可以的话, 请说一下你的缺点是什么?
[rú guǒ kě yǐ de huà, qǐng shuō yī xià nǐ de quē
diǎn shì shén me?]

한국어로 통역되는 소리.
남구를 보는 만수, 올 것이 왔다.

C# 10

10) 남구, 만수에게 몰래 고개를 끄덕한다.

C# 11

11) 　9) **연결**. 카메라 멈추면 만수, 기다렸다는 듯
자신 있게—
　　　　　　만수
　　싫은데요.

C# 12

12) 　10) **연결**. 남구 입이 벌어진다.

C# 13

13) 　8) **연결**. 모두 당황.
통역, 중국인 사장에게 귓속말하느라 몸을 기울인다.

C# 14

14) 　통역이 몸을 기울이는 바람에 도로 햇빛을
정통으로 받는 만수, 잠깐 뜸 들였다 미소 짓는다.
　　　　　　만수
　　····라고 말하지 못하는 성격,
　　이게 제 제일 큰 약점입니다. 하하하!

| 낮 | L | 12:30 | **[파피루스] 건물 복도** |

면접을 마치고 남구에게 [문 제지]에 관한 정보를 듣는 만수. 면접 순서를 기다리는 범모

C# 1

1)   면접을 마친 만수, 잔뜩 찌푸린 얼굴로 계단을 내려온다.
호형 트래킹ㅡ

남구
[문 제지]는 알아보셨어?
(어리둥절해하는 만수의 귀에 대고 속삭인다)
[문 제지]가 일본 판로를 개척했다는 소문이
있으니까 한번 알아보세요.
[태평양]도 연말에 구조조정 들어간대⋯⋯

C# 2

2)   넓은 홀을 대각선으로 가로지르며 걸어오는 만수와 남구. 의자 앞에 서서 네 손가락으로 관자놀이 두드리며 중얼중얼 주문을 외는 범모. 다른 면접 대기자 두 명은 차분히 의자에 앉아 있다.
남구, 만수가 뺨을 문지르는 꼴을 보고ㅡ

남구
치과 안 가요? 좀 가요, 좀⋯⋯
취직되면 또 바빠서 못 가잖아.
(고집스레 입 꾹 다문 만수를 보고 딱해서)
또또 그 이상한 똥고집⋯⋯

남구, 멈춰 서서 손을 내민다. 만수와 남구가 악수한다.

남구
하여튼! 그러니까 가을 가기 전에
꼭 자리 잡으셔야 됩니다!
조만간 통보 갈 거예요.

남구는 계단으로 돌아가고 만수는 남아 멍하니 남구 뒷모습을 본다.

C# 3

3)   리버스. 멍하니 선 만수. 주문을 외는 범모의 뒷모습.

C# 1

1)　　모니터 화면 – 랩톱의 유튜브 검색창에
'문 제지 공장'이 한 자씩 타이핑되면서 카메라
가까이 온다.
줌아웃 / 호형 트래킹 –

줌아웃 계속해서 –

동영상 하나를 선택.
공장 야적장에서 통나무의 산을 배경으로,
다양한 직업의 세계를 소개하는 유튜버가 최선출을
인터뷰하는 영상이 열린다.
영상을 빨리감기 하다가 선출이 등장하는 부분에서
멈추는 만수.
자막 – '[문 제지] 특수제지라인 최선출 반장'.

선출
한국 제지 역사의 산증인 문창호 회장께서
창업하신 이래 저희 [문 제지]는……
유튜버
(상대 기분 안 나쁘게 웃으며 말을 끊는다)
반장님, 반장님. 우리…… 종이는 어떻게 만드나,
그거 얘기하기로 했잖아요.
회사 홍보는 회사 채널에서 하시구요.
선출
(닉살 좋게)
아…… 기회 있을 때 홍보도 하고 그러는 거지.
유튜브, 다 그런 맛에 하는 거 아닙니까.
(카메라를 향해)
자, 종이는 어떻게 만드느냐!

동영상에서 선출의 단독 숏으로 편집이 이루어진다.

선출
딱 두 가지 말씀드릴게요.
흔히 제지회사가 숲을 막 없애고 그런다고
아시는 분들이 있는데, 그거 아니거든요.

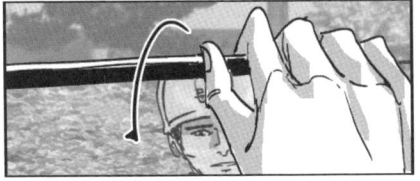

부러운 나머지 속이 상한 만수, 랩톱을 확 덮어 버린다.

C# 2

2)　만수, 감정을 추스린다.
각양각색의 식물과 원예 도구로 꽉 찬 공간,
만수의 작은 왕국이다. 화려한 꽃들 못지않게
분재도 많다.

C# 3

3)　숲 너머 온실, 또 그 너머 만수 집.

C# 4

4)　**2) 연결.** 일어서 작업 중인 분재 앞으로 오는
만수. 소나무 가지에 굵은 구리철사를 감아 성장
방향을 바꾸는 일에 집중한다.
제지업계 잡지들과 취업정보지로 어지러운 탁자.
기사들을 잘라 모아 놓은 스크랩북, 세심한 밑줄들.

C# 5

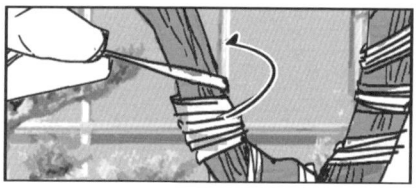

5)　가지의 익스트림 클로즈업 – 만수가 철사를
당기자 가지가 구부러진다.

C# 6

6)　다음 가지의 익스트림 클로즈업 – 이번에는
지나치게 조이는 만수. 으드득 소리까지 들린다.
가지를 파고드는 철사.

| 밤 | O | 18:35 | 만수 집 온실 |

선출 인터뷰를 찾아본 만수, 부러운 나머지 속이 상해 분재를 하며 마음을 추스르려 한다

C# 7

7)   얼굴이 벌게지도록 힘을 주는 만수.

C# 8

8)   6) **연결**. 가지를 조이다 못해 아예 분질러 버리는 만수.

C# 9

9)   7) **연결**. 만수, 저도 모르게 욕설 비슷한 소리가 새어 나온다.

인기척을 느끼고 고개 드는 만수.

C# 10

10)   부러진 가지 너머 시원, 온실 밖에서 아빠의 낯선 얼굴을 멀뚱히 보다가 손으로 밥 먹는 시늉을 한다.

C# 1

1) 저녁 메뉴는 미역만 든 미역국과 빈약한 반찬.
틸트업 / 붐다운 —

반찬 때문에 불만에 찬 시원 얼굴, 좀 깨작거리다
말고 태블릿 PC를 들여다본다.

미리
(소리)
좋은 소식부터 —

좌향 패닝 —

미리는 식탁과 주방을 분주하게 오가며
큰소리로 떠든다. 의욕이 넘치다 못해 약간 흥분 상태.
오븐장갑을 끼고 계란찜을 들고 주방에서 오는 미리.

미리
엄마 파트타임 일자리 구했어.

카메라 전진 —

미리
엄마 인제 일하러 나간다~

C# 2-1

2-1) 스케치북에 총천연색 그림 악보를 그리는
리원에게 숟가락을 내민 상태에서 아내를 보고 있는
만수.
시원이 말하자 카메라 후진 —

C# 2-2

2-2) 리원 거쳐 시원까지 프레임인된다.

시원
맨날 우리 땜에 경단 됐다고 하더니.
축하해, 엄마.
리원
축하해 엄마!
미리
고마워.

카메라 계속 후진 / 상승 —
식탁에 계란찜을 내려놓는 미리 어깨너머로 식구들.
만수는 치통에 시달리느라 턱을 감싸 쥐고 밥도
잘 못 먹는다.

만수
치과? 어디?

리원, 한 덩어리를 다 그리고 나서야 만수가 한참
들고 기다린 숟가락 한 입을 억지로 받아 먹는다.

미리
오진호 치과.
만수
(또 한 숟갈 퍼서 리원에게 내밀며)
오징어 치과가 뭐야?

작은 그릇에 계란찜을 나눠 담아 사람들 앞에 옮겨 놓는
시원. 리원은 다시 그림. 아들의 태블릿 PC를 닫는 미리.

3) 1) **연결**. 주머니에서 종이를 꺼내는 미리.

미리
장난은 금지, 지금 이 순간부터 비상 상황이란
사실을 직시해 줬으면 해. 아직도 아파, 이빨?
만수
괜찮어.

종이를 들여다보며 —

C# 3

미리
여기 적힌 것들 자제하기, 아빠 취직할 때까지.
리원이 레슨 빼고 필수적이지 않은 것들은
당분간 포기, 예를 들면⋯⋯
시원
(소리)
예를 들면 미역국의 쇠고기?
미리
(말도 안 되는 소리를 들었다는 듯 눈이 동그래져)
아냐, 있어⋯⋯ 잘 찾아봐.

C# 4

4) 숟가락으로 미역 사이사이를 탐색하기
시작하는 시원.

C# 5

5) 3) 연결.

미리

예를 들면 내 차.

C# 6

6) 인서트 - 미리의 쏘렌토.

C# 7

7) 한숨 쉬며 고개 끄덕이는 만수, 숟가락으로
밥을 푼다.

미리

(소리)

그리고

C# 8

8) 인서트 - 집 전경.

미리

(소리)

우리 집.

C# 9

9) 7) **연결**. 놀라는 만수, 고개 든다.

> **만수**
> 뭐?

C# 10

10) 4) **연결**. 시원도 덩달아 놀라ー

> **시원**
> 뭐?

리원, 따라 한다.
시원, 엄마와 아빠를 번갈아 본다.

C# 11

11) 5) **연결**.

> **미리**
> 집 팔면 대출 갚고
> 대수동에 아파트 전세는 가능해.

C# 11A

11A) 인서트 ─ 빽빽하게 늘어선 서민 아파트 단지.

C# 12

12) 9) **연결**. 경악하는 만수.

> **미리**
> (소리)
> 석 달 내로 취직할 자신 있댔지, 그치?

만수, 할 말 없다. 치통을 느끼고 턱을 만진다.

C# 13

13) 11) 연결.
> **미리**
> 난 그거 믿고 원래 우리 살던 대로 살았어,
> 퇴직금 까먹으면서.

C# 14

14) 10) 연결. 체납 경고장을 시원에게 주는 미리,
읽어 보려는 아들의 손에서 낚아채 가는 만수.
> **미리**
> (소리)
> 인제 그것도 거의 바닥났고, 그치?

호형 트래킹—

체납 경고장을 읽는 만수.

15) 만수 시점 — 주택담보대출 체납 경고장.
'본 통지서의 날짜로부터 2주 내에 주택담보대출
원리금을 상환하지 않으시면 아래 제시된 연체금이
발생하고 신용거래 관련 불편이 발생할 수 있어···'

C# 15

주택담보대출 체납경고장
본 통지서의 날짜로부터 2주 내에
주택담보대출 원리금을 상환하지
않으시면 아래 제시된 연체금이 발생하고
신용거래 관련 불편이 발생할 수 있어....

16) 14) 연결. 만수, 눈을 들어 미리를 보며—
> **만수**
> 여보, 이 집은····

카메라 전진—
> **만수**
> 여기서 어릴 적 추억이 얼마나····
> 여보, 내가 다 말했잖아.
> 아홉 살 때부터 평균 열 달마다 이사 다니고,
> 그 기분 알어? 나아 죽을 때까지 살려고
> 무리해서 장만했잖아.
> 이 집 되찾으려고 얼마나 노력했어, 내가,
> 아니, 우리가!

C# 16

'우리'를 강조하는 손짓. 만수, 울기 직전.

C# 17

17) 만수 어깨너머 미리, 별로 설득되지 않은 표정.
미리가 의자에 앉을 때 우향 트래킹 / 좌향 패닝 —

미리
우리와 은행이지.
정확히 말하자면 은행과 우리고.
어쩔 수가 없어.

C# 18

18)

만수
내 손으로 창고 뽀개서····

C# 19

19) 인서트 – 온실 전경.
온실 지붕 위에서 못질하는 만수. (낮)

만수
(소리)
온실 짓고····

C# 20

20) 인서트 – 그네 다는 만수. (낮)

만수
(소리)
내가 그네도 달고, 구석구석····

C# 21

21) 17) 연결.

미리

여보, 어차피 집 뺏겨, 파산하면.

C# 22

22) 18) 연결. 만수, 말문 막힌다.

C# 23

23) 21) 연결.

C# 24

24) 인서트 – 피아노.

미리

(소리)

피아노하고

C# 25

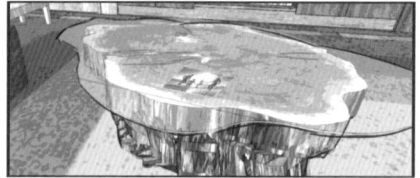

25) 인서트 – 거실 탁자.

미리

(소리)

거실 탁자랑

C# 26

26) 인서트 – 소파.

미리
(소리)
소파

C# 27

27) 인서트 – 벽걸이TV.

미리
(소리)
티비

C# 28

28) 인서트 – 커튼, 카펫.

미리
(소리)
커튼, 카펫,
돈 되는 거 다 당근에 내놨어.

C# 29

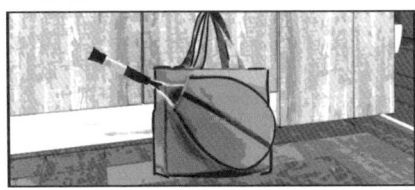

29) 인서트 – 테니스 라켓.

미리
(소리)
라켓도.

C# 30

30) 23)연결.

미리
나, 테니스 포기.

| 밤 | S | 18:55 | 식당 |

저녁식사하는 가족. 만수의 재취업이 늦어지자 긴축을 통보하는 미리

C# 31

31) 22) **연결.** 모욕감을 느끼는 만수.

C# 32

32) 30) **연결.**

미리
댄스 학원도 관두자. 당신 분재 잡지 끊고.
(아들을 향해)
넷플릭스도 끊고.

우향 트래킹−

시원이 프레임인된다. 태블릿 PC를 다시 펼친다.

C# 33

33) 31) **연결.** 아들을 노려보는 만수.

C# 34

34) 32) **연결.** 만수 시선을 의식하는 시원.

시원
끊어지기 전에 하나라도 더 봐야지.

곧이어 넷플릭스의 두둥 소리. 태블릿 PC를 들고
일어나는 시원.

C# 35

35) **33) 연결.** 기막혀하는 만수.

C# 36

36) 시원, 드라마를 보면서 계단으로 간다.
리원도 오빠 뒤를 졸졸 따라간다.
돌아보지도 않고 말하는 미리.

미리
자, 동지들, 이제 나쁜 소식 차례야.

계단에 한 발 올려놓은 상태 그대로 멈추는 시원,
돌아본다. 경악한 표정. 리원도 똑같이 돌아본다.

시원
더 나쁜 게 있다고요?

리원, 따라 한다.

C# 37

37) **35) 연결.** 미리, 밥을 먹기 시작한다. 이윽고
단호한 표정으로 입을 연다.

미리
우리 형편에 이 많은 식구를 먹여 살릴 순
없다고 생각해.

C# 38

38) 시원과 리원, 겁이 난다.

SETUP 20 　　　저녁식사하는 가족. 만수의 재취업이 늦어지자 긴축을 통보하는 미리

C# 39

39) 　**37)연결.** 밥 먹는 미리에서 얼빠진 표정의
만수로 초점 이동 —

만수
　우리 식구가 뭐가 많다는 거야, 여보?

미역국 먹는 미리.

C# 1

1) 미리 아버지의 개인택시에 타 있는 시투 / 리투를 끌어안은 시원과 리원. 원래 쓰던 카시트를 뒷자리에 깔아 놓았다.

만수와 미리가 프레임에 들어와 리원과 시원을 각각 떼어 낸다.

C# 2

2) 차 안에서 본 앵글. 만수네 네 식구와 미리의 부모가 다 보인다. 만수 품에 안긴 리원.

미리 어머니
할머니 집에 보러 오면 되잖어.

미리
시투 리투 다시 올 거야, 아빠 취직만 되면.

미리도 이를 악물고 슬픔을 참는다.

손수건으로 콧물을 닦는 미리 아버지, 버튼을 눌러 트렁크 문을 닫는다.

73

C# 3

3)　(화면 밖) 만수를 못마땅하게 바라보는
미리 어머니.
시선 방향 따라 약간 패닝하면－

만수가 프레임인된다.
장모를 마주 보던 만수, 외면한다.
미리 아버지의 재채기 소리.
(화면 밖) 미리 아버지와 눈이 마주치는 만수,
당황한다.

C# 4

4)　만수 시점 － 렌즈를 보는 미리 아버지. 못마땅.

미리 아버지
(재채기하고)
개털이 이게이게‥‥

운전석으로 간다.

C# 5

5)　차 출발. 차 뒤창으로 옛 주인 가족을 보며
멀어져 가는 시투 / 리투.

떠나는 미리 아버지의 개인택시.

C# 6

6)　남겨진 네 식구.

집을 향해 몸을 돌린다.

C# 7

7)　5) 연결. 곧이어 부동산 중개인 차와⋯

원노 차가 나타난다.

C# 8

8)　　대문으로 들어가려다 차 소리를 듣고 돌아보는
만수네 가족. '저건 또 뭐냐⋯' 표정인 만수와
시원/리원.

| 낮 | O | 11:05 / 11:13 | 만수 집 앞 |

시투/리투를 미리의 부모님 댁으로 보내는 만수네 가족. 집을 보러 온 원노네 가족

C# 9

9) 전기차에서 내리는 부동산 중개인.
높고 큰 목소리로 —

부동산 중개인
안녕하세요, 사모님!

C# 10

10) 8) 연결.

미리
일찍 오셨네요!
(남편 눈치를 살피며)
부동산 분이셔.

C# 11

11) 9) 연결. 걸어오며 —

부동산 중개인
안녕하세요, 사장님! 안녕, 얘들아!

C# 12

12) 10) 연결. 꾸벅 인사하는 시원.

미리
(리원에게)
인사해야지?
눈은 안 마주친 채 꾸벅 인사하는 리원.

C# 13

13) 11) 연결. 뒤차에서 원노가 내린다.

C# 14

14) 12) **연결**. 놀라는 만수, 아내에게 속삭인다.

> **만수**
> 집 보러 오는 게 저 새끼였어?

C# 15

15) 13) **연결**. 은미와 동호도 하차.
은미가 미리에게, 동호가 시원/리원에게 반갑게
인사한다.

C# 16

16) 14) **연결**. 만수의 팔짱을 끼는 미리, 다정한
아내 표정으로 손님을 맞는다. 입술을 최소한으로
움직이면서 속삭인다.

> **미리**
> 왜 그렇게 싫어해, 원노 씨. 당신 때문에
> 분위기 어색해진다구, 엄마들 모일 때.

미리와 시원이 손님 맞으러 가면서 프레임아웃.
만수에게 안겨 있던 리원도 내려서 프레임아웃.

만수 혼자 남는다.

C# 17

17) 15) **연결**. 멀리서부터 악수하자고 손을 뻗으며
다가오는 원노.

> **원노**
> 어이~ 친구!

C# 1

1) 만수와 미리가 부동산 중개인과 원노 부부를 데리고 들어온다.

원노
어우, 오십 년도 넘은 집이 이게이게····
은미
거 봐.

거실 구경하는 사람들을 따라 카메라 우향 패닝—

부동산 중개인
거의 폐가였던 걸 이렇게 올수리 하셔가지구.
거듭났죠, 거듭났어.

C# 2

2) 리버스.
원노
요 앞 타운하우스 단지 있죠? 그 땅 원래 다
이 친구 아버지 돼지농장이었어요, 몰랐죠?
부동산 중개인
아, 정말요? 아직까지 갖고 계셨으면 우와····

원노
(뒷마당을 가리키며 은미에게)
온실 싸악 없애고 연습장 만들면 딱이겠지?

퍼팅 시늉하는 원노.

C# 3-1

3-1) 우물우물 알아들을 수 없는 소리를
중얼거리더니 슬그머니 자리를 피해 계단으로 향하는
만수.

괜히 미리에게 와서 팔짱 끼는 은미. 막상 남이
집을 보러 오자 눈물이 날 것 같지만 미리는
그럴수록 활짝 웃는 사람이다.

구석구석 들여다보는 원노를 따라 카메라 후진
/180° 패닝 —

원노, 피아노 건반 몇 개를 눌러 본 다음 식당으로
향한다.
카메라 패닝 —

식당 장식장을 들여다보는 원노.
카메라 전진 —

부동산 중개인
(소리)
2층부터 보면서 내려올까요?

C# 3-2

3-2) 2층으로 향하는 원노, 프레임아웃.
카메라는 계속 전진 —

만수가 탄 [올해의 펄프맨] 트로피.
카메라 패닝하면 —

만수네 가족사진.
붐업하면 —

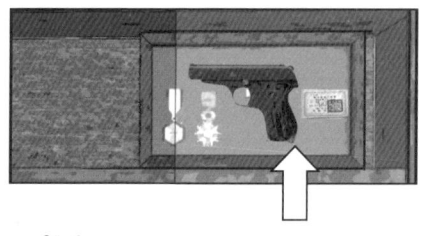

그 위 칸에는 덮개가 유리로 되어 안이 들여다보이는
나무 상자, 번호를 돌려 여는 작은 자물쇠로 잠겼다.
벨벳이 깔린 상자 안에는 북한제 64식 권총,
무공훈장과 군번줄, 군복 입은 만수 아버지 사진이
들었다.

C# 4

4) 참전 기장증에 새겨진 작은 글씨 — '월남, 1973'.

C# 1

1)   외출복 바지로 갈아입던 만수····

일행이 들이닥치자 비틀대면서 침대에 쓰러진다.
허둥지둥 일어나 지퍼를 올린다.

부동산 중개인, 창을 가리키며―

부동산 중개인
저렇게 옹골찬 소나무를 매일 본다고
생각해 보세요.

흐트러진 침대를 서둘러 정리하는 미리.
카메라 붐다운―

만수
잣나문데요.
(원노에게, 웅얼웅얼)
그럼 보고 가, 난 세탁소 가야 해서····
옷 찾아야 되거든···· 면접 때····

안방에서 나오는 만수.

원노
(권총 쏘듯이 손가락으로 가리키며)
유 are 만수! 화이팅!

만수 프레임아웃. 도망치는 남편을 안쓰럽게
보다가 고개 돌리는 미리.

C# 2

2)   리버스. 고개 돌려 원노를 보는 미리.

C# 3

FOLLOW

3)   미리 시점 – 방 한복판에 떡 버티고 선 원노.
부동산 중개인과 은미는 옷방 구경.

FOLLOW

침대에 털썩 앉는다. 스프링 출렁출렁.
미리를 본다. 침대 주인과 눈이 마주쳤는데도
당황하지 않고 미소 짓는 원노.

C# 4

4)   2) **연결**. 미리, 반사적으로 은미를 돌아본다.
부동산 중개인과 방에서 나가고 있다.
미리 시선, 다시 원노에게.

C# 5

5)   3) **연결**. 시트를 쓰다듬는 원노, 여전히 흔들림
없이 느끼한 눈빛.

원노
매트리스 좋네.

C# 6

6)   **4) 연결.** 똑바로 응시하는 미리, 예의 바르게
웃어 주면서 거기 맞선다.

미리

그것두 팔아요, 사세요.

C# 1

1) 현관문 열고 나오는 만수.

아이들 말소리에 돌아본다.

C# 2

2) 개집 앞에 책상다리하고 앉은 시원,
혼자 말을 한다. 괴이쩍어 걸음을 멈추는 만수.
개집 안에서도 사람 웅얼거리는 소리가 나온다.

개집으로 가는 만수.

시원

집이 없어지면 시투 리투가 못 온대.

개집을 들여다보는 만수.

C# 3

3) 쪼그리고 앉은 동호.

C# 4

4) 2) **연결**. 리투 집 앞으로 가는 만수.

C# 5

5) 쪼그리고 앉은 리원. 울었는지 눈가가 부었다.

C# 6

6) 리투 집 안에서 본 앵글.

만수

리원아, 우리 집 안 없어져. 아빠가 약속할게.

리원

(몸을 좌우로 흔들며 리드미컬하게)

시원리원시원리원시투리투시투리투……

줌인―

좌절하는 만수. 무릎 꿇은 채 고개 푹 떨군다.

C# 1

1)　앞 씬과의 매치 컷. 무릎 꿇은 채 고개를 떨구는 만수.

C# 2

2)　출구가 막혀 쩔쩔매면서 서성대는 문 제지 공장장.

> **문 제지 공장장**
> 그렇다고 이렇게 무작정 오시면⋯⋯

만수, 이력서와 자기소개서를 내밀며—

> **만수**
> 자소서 한 번만 읽어 봐 주십쇼.
> **문 제지 공장장**
> 나중에 채용 공고 뜨면 그때 제출하시고요⋯⋯
> 아 좀! 제가 회의에 늦어서 그래요.

C# 3-1

3-1)　복도가 깊이 있게 보인다. 만수 몸이 반만 복도로 나와 있다.

> **만수**
> 와이프는 일바 나가고요,
> 딸아들 학원비에⋯⋯

멀리서 다가오는 선출.

> **만수**
> ⋯⋯집도 내놓고, 넷플까지 끊구,
> 시투 리투도⋯⋯
> **문 제지 공장장**
> (소리)
> 예?

C# 3-2

3-2) 선출, 화장실 안을 들여다본다.

선출
공장장님?

C# 4

4) **2) 연결.** 구원자의 등장에 안도하는 공장장.

문 제지 공장장
어이, 최선출!

C# 5

5) 이름을 듣자 궁금해서 저도 모르게
홱 돌아보는 만수. 재빨리 얼굴을 감추는 만수.
뒤로 나타나는 선출.

선출
무슨 일이십니까? 이분은 누구‥‥

문 제지 공장장
(소리)
[태양] 해고자라는데‥‥

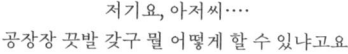

선출, 안타까워 큰 한숨 한 번 쉬고는 만수에게—

선출
저기요, 아저씨‥‥
공장장 곳발 갖구 뭘 어떻게 할 수 있냐고요.

망설이지도 않고 만수의 오른쪽으로 비집고
들어오는 선출. 만수, 선출의 다리 힘에 밀려
왼쪽 벽으로 붙을 수밖에 없다.

수치심에 사로잡힌 채 무기력하게 선출이
밀어 대는 대로 찌그러진다.

C# 6

6) 선출, 공장장을 향해 손 뻗으며 –

선출
나오세요, 형님.

선출이 만들어 준 좁은 길로 재빨리 빠져나오는
공장장.

문 제지 공장장
미안합니다.

선출
(공장장에게)
오줌은 다 싸고 당하셨어?

만수에게 관심이 생기는 선출, 허리 숙여 얼굴을
보려고 한다. 놀라우리만큼 민첩하게 팔을 들어
제 얼굴을 가리는 만수.

C# 7

7) **5) 연결.** 얼굴 보려고 하는 선출,
안 보여 주려는 만수.

선출
어 어?

만수 손을 붙잡아 내리려 든다. 파닥거리며
필사적으로 뿌리치는 만수.

C# 8

8) **3) 연결.** 허리를 펴는 선출, 만수를 내려다보며 –

선출
쪽팔린 줄 아는 인간이 남 똥 싸고
오줌 싸는 데 와서 이게 뭐하는 짓이요?

공장장, 안쓰러워 못 보겠는지 떠난다.

공장장 따라가는 선출.

C# 9

9)　　7) **연결.** 혼자 남은 만수, 비참하다. 멀어지는
선출 목소리.

선출

(소리)

아, 형님. 우리 집 놀러 오라니까!
바베큐 맛있게 구워 주께⋯⋯

겨우 감정을 추스르고 일어서는 만수를 따라
붐업ㅡ

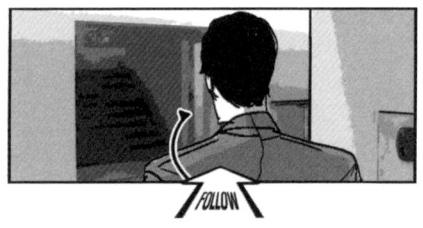

코너 도는 만수를 따라 도는 카메라.

돌아온 선출을 딱 맞닥뜨린다.

C# 10

10)　　우뚝 서는 만수, 경악.
정면으로 얼굴이 공개됐다. 만수 머릿속이
하얘진다.

C# 11

11) 9) **연결**. 선출이 손을 빠르게 든다.

C# 12

12) 10) **연결**. 선출이 때리려는 줄 알고 긴장하는 만수, 주먹을 올린다.

선출 뒷모습, 프레임인한다.
선출이 5만 원권을 손에 쥐여 주려고 하자 뿌리치는 만수.

C# 13

13) 11) **연결**. 당황하지 않고 기어이 만수 가슴 주머니에 넣어 주는 선출.

선출
요 앞에 언덕에 [문샤인]이라고,
쌩맥 잘하는 집 있거든?
션하게 한잔하구 가쇼, 잉?

만수 가슴 주머니를 톡 치고⋯⋯

프레임아웃하는 선출.

혼자 남은 만수, 선출 간 쪽을 돌아본다.

C# 1-1

1-1) 생맥주 탭들.

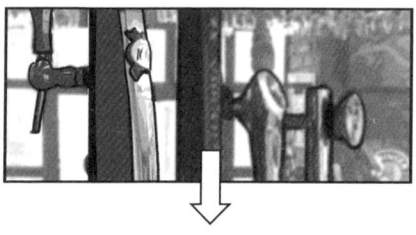

근경으로 초점 이동, 틸트다운—

바에 놓인 온더락스 잔.
얼음과 함께 든 애플주스가 위스키처럼 보인다.

만수의 손이 들어와 잔을 잡는다.
틸트업하면—

만수 얼굴.
카메라 후진—

C# 1-2

1-2) 이른 시각이라 카운터 앞에 앉은 만수 빼고는 손님이 없다. 파랗게 코팅된 큰 창을 통해 들어온 햇빛이 실내를 물들였다.
무료하게 휴대전화 들여다보는 바텐더.
주스를 잠깐 들여다보다가 쭉 들이켜 잔을 비우는 만수, 바에 도로 내려놓는다.

C# 2

만수
같은 걸로 한 잔 더요.

못마땅한 감정을 몸으로 드러내는 바텐더,
바 아래 냉장고에서 주스병을 꺼내 휙 민다.
만수 앞으로 미끄러져 오는 애플주스병.

2) 프레임인하는 주스병, 만수가 잡는다. (VFX)

얼음 녹은 자기 잔에 주스를 따르는 만수.

C# 3

3) 주스 마시면서 휴대전화 보는 만수.

C# 4-1

4-1) 만수 시점 – 최선출의 인스타그램 동영상.
섬과 전원주택에서의 삶을 자랑하는 선출.

C# 4-2

4-2) 선출 집 대문 옆 도로명주소가 보인다.

집 자랑하는 선출.

C# 5

5)　3) 연결. 이어폰 낀 만수, 동영상에 빠져든다.
줌인-
다음 영상을 본다.

C# 6

6)　4) 연결. 선출, 집 뒤꼍에서 도끼로 장작을 팬다.

힙플라스크에 든 술 한 모금 마시고 입맛 다시는 선출.

C# 7

7) **5) 연결.** 만수, 부럽다.

눈을 들어 술 진열장을 본다.

C# 8

8) 만수 시점 – 진열장에서 제각기 매력을 뽐내는 술병들.

C# 9

9) **7) 연결.** 입맛 다시는 만수, 꾹 참는다.
또 다른 영상을 재생시킨다.

C# 10-1

10-1) **6) 연결.** 거대한 바퀴를 단 튜닝 카를
세차하는 선출.

낙담한 만수, 바에 홀로 앉아 선출 인스타그램을 찾아보는데 미리에게 전화가 온다

C# 10-2

10-2) 선출이 갑자기 멈추고 영상 통화 화면이 뜬다. 발신자 – '부인씨'.

C# 11

11) **9) 연결.** 놀라는 만수, 터치한다. 밝은 표정을 장착한다.

> 만수
> 어, 여보.

C# 12-1

12-1) 10) 연결. 미리는 빨래를 널다가 전화를 걸었다.

> 미리
> 첼로 선생님한테서 전화 왔는데
> ⋯⋯거기 어디야?

휴대전화 액정 작은 창에 뜬 만수. 뒤로 맥주 광고 네온사인.

> 만수
> 어?
> 미리
> 설마 술집이야?
> 만수
> 아냐, 아냐. 아니, 맞는데⋯⋯ 아니야.
> 미리
> 미쳤어?

당황해서 어버버하다가 빈 주스병을 들어 보여 주는 만수. (VFX)

> 만수
> 나 이거 마셔. 진짜야.

카메라로 사방을 훑어 보여 주며 자신의 결백을 증명하는 만수.

낮 | L | 14:50 | **[문샤인 바]**

C# 12-2

12-2)

미리
애플주스 마시려고 술집을 가?

C# 13

13) 액정 안 작은 창의 빅 클로즈업. (VFX)

아내 얼굴을 보던 만수가 렌즈를 직시한다.

C# 14

14) 실물 만수, 신뢰가 가는 엷은 미소를 지으며—

만수
여보…… 나 믿지?

C# 15-1

15-1) 만수 휴대전화 속 미리.

미리
(누그러져서)
당연하지.

줌아웃—

낙담한 만수, 바에 홀로 앉아 선출 인스타그램을 찾아보는데 미리에게 전화가 온다

C# 15-2

15-2) 작은 창 안의 만수가 프레임인된다.

만수
첼로 선생이 왜?

낮 | L | 16:50 | 첼로 선생 아파트

리원의 재능이 지나쳐 더 비싼 레슨을 받아야 한다고 말하는 첼로 선생

C# 1

1) 침실로 가는 복도에 어정쩡하게 서서 대화하는 만수 부부와 첼로 선생.

첼로 선생
제가요…… 더 이상 리원이를
가르칠 수가 없네요.

C# 2

2) 리버스. 충격 받는 부부.

C# 3

3)

첼로 선생
재능이 좀……

C# 4

4) 2) **연결**. 실망할 준비하는 부부.

C# 5

5) 3) **연결**.

첼로 선생
……지나쳐요.

C# 6

6) 4) **연결.** 안도하는 부부. 하지만 곧이어 미리, 관찰하듯 선생을 빤히 보면서ㅡ

미리
어떻게 믿죠? 애가 연주를 들려주지 않는데?
토막토막 말고 들어 본 적이 없어요, 저흰.

C# 7

7) 5) **연결.**

첼로 선생
제가 왜 다른 선생한테
레슨비를 넘기려고 할까요?
미리
다른 선생이요?
첼로 선생
인제 음대 교수한테 배워야 돼요. 교수하는
제 동창한테 리원이 연주를 들려줬거든요?

C# 8

8) 6) **연결.** 반색하는 만수.

C# 9

9) 7) **연결.**

첼로 선생
하나 아셔야 할 건⋯⋯
레슨비가 저하곤 단위가 다르죠.

C# 10

10) 미리 너머 만수. 서로를 보는 부부.

C# 11

11) 만수 너머 미리. 서로를 보는 부부.

C# 12

12) 9) 연결.

첼로 선생
우리 리원이····
독립된 개인으로 살게 하고 싶다고
하셨잖아요, 이 정도 투자는 하셔야····
에이 뭐, 리원이네는 여유 있으시니까.

무력한 만수····

딸 있는 데를 돌아본다.

C# 13

13) 만수 시점 – 통창 배경으로 앉아 연습하는 리원.
창밖 풍경으로 보아 초고층이다.
거실에 혼자 첼로를 끌어안고 앉은 리원,
휠토 술 하나를 튕기듯 짧게 긋는다.
왼손으로 길게 비브라토를 주면서 귀를 기울인다.
이번에는 다른 현을 누르고 또 스피카토한다.
지잉– 가만히 듣는 리원.

C# 1

1)   세 식구 뒤로 유리 전망창. 고층 아파트들이 보인다. 32층에서 하강 중.
첼로를 멘 만수, 압력 때문에 불편을 느끼고 집게 손가락을 귓구멍에 넣고 돌린다. 두 손가락으로 콧방울을 쥔 리원, 숨을 불어 막힌 귀를 뚫으려고 한다. 부모도 따라 한다. 만수, 코를 쥐고 앞을 본 채 아내에게—

만수
여보, 나 진짜 아파트 싫어.

리원
진짜 싫어.

코를 쥔 채 '난 괜찮아' 표정을 고수하는 미리.

미리
나두 싫어, 싫은데 음대 교수는?

만수, 무력하게 리원을 본다.

C# 1

1) 그새 소파 앞 큰 탁자와 피아노가 사라져서 휑해 보인다. 외출복 차림으로 소파에 누운 채 스마트폰을 든 팔을 허공에 뻗은 만수.
TV로 다가앉는 리원.

C# 2

2) 헤드폰 끼고 바닥에 앉아 TV에 틀어 놓은 첼로 연주 영상을 보는 리원.

> 선출
> (소리)
> ……그거 아니거든요.

리원 뒤로 보이는 만수로 초점 이동 —

게으르게 누운 자세와는 대조적으로 눈은 전혀 깜빡이지 않는다.

> 선출
> (소리)
> 종이 만드는 나무는, 따로 키워서……

C# 3

3) 만수 시점 — 전화기가 조금씩 카메라 쪽으로 내려온다.

> 선출
> (소리)
> ……베고 거기 또 심어서 키우고 베고……

C# 4

4) 2) 연결. 카메라 쪽으로 더 다가오는 리원.

> 선출
> (소리)
> ……그러거든요. 그뿐이 아니고요……

선출의 영상을 보고 또 보는 만수, 미리의 말에 아이디어를 얻는다

C# 5

5)   만수, 점점 얼굴을 가까이 갖다 대면서 선출의 눈을 들여다본다. 전화기가 더 가까이 내려오면서 프레임인한다.

선출
(소리)
·····재생이란 게 있어요.
폐지를 모아가지구 리싸이클하고·····

카메라 이동, 마주 보는 두 남자.

C# 6

6)   전화기 너머로 만수.

선출
(소리)
또 그 폐지 모아서 또·····

C# 7

7)   선출 얼굴이 화면 가득.

선출
(소리)
리싸이클하고·····
미리
(소리)
뭘 그렇게 봐?

만수 손가락이 들어와 동영상을 정지시킨다.

| 밤 | S | 20:30 | 만수 집 거실 |

선출의 영상을 보고 또 보는 만수, 미리의 말에 아이디어를 얻는다

C# 8

8)

만수
지금 유일하게 잘나가는 회사가
［문 제지］거든⋯⋯

C# 9

9)　**4) 연결.** 주방에서 거실로 오는 미리.

만수
⋯⋯일본 판로 개척해가지구.
거기 특수지 라인 반장이야.

오는 길에 리원이 앉은 방석을 뒤로 쑥쑥 잡아당겨
TV에서 떼 놓는다.

첼로 연주 구경에 넋이 빠져, 끌려가는 줄도 모르는
리원.

미리
딱 당신 자리구만?
일어도 꽤 하잖아, 당신.

C# 10

10)　리원 시점 – TV 속 첼리스트가 멀어진다.

C# 11-1

11-1) 8) 연결. 비집고 들어와 옆에 눕는 미리.
동영상을 다시 재생하는 만수. 미리, 만수 팔을
가져다 제 머리 밑에 받친다.

선출
우리나라가 종이 재생 최선진국이거던요?
졸라 무한 재생!

C# 11-2

11-2) 미리, 선출이 괜히 얄밉다.

> 미리
> 말을 왜 이렇게 상스럽게 해?
> 우리 남편에 비하면 에이⋯⋯

미리가 말하는 동안 볼륨을 낮춰 무음으로 만드는
만수, 사랑스럽다는 듯 아내를 돌아본다.

> 미리
> 이 인간 벼락 같은 거 안 맞나?

C# 12

12) 미리 시점 – 신나게 떠들고 있는 선출.

> 미리
> (소리)
> 비 오는 날 뾰족한 우산 쓰구 가다가.

C# 13

TRACKING

13) 만수, 헛웃음.
차츰 만수가 프레임 중앙으로 오도록 카메라 이동.

TRACKING

만수, 쓴웃음.
그리고 또 그다음에는 뒤늦은 깨달음의 광채.

C# 1

1) 거울에 비친 선출. 기분 좋게 웃는 얼굴,
볼이 빨갛다.
줌아웃─
선출이 무슨 재미난 말을 했는지 팀원들도 웃는다.
트래킹/패닝하면─
카운터 앞에 앉은 만수가 프레임인된다.
그 너머로 보이는 선출 팀 실물.
선출을 훔쳐보는 만수. 저도 모르게 덩달아 웃는다.
실내는 점심식사 손님들로 북적인다. 선출은 창가
자리에 앉아 팀원 셋과 식사 중이다.
팀원들은 생맥주, 선출은 위스키를 마신다.
선출, 기분 좋아져서─

선출
사장님! 내 [스뱅] 한 잔씩!

C# 2

2) 바텐더, '최선출' 이름표 달린 [스프링뱅크]를
글렌캐런 석 잔에 따른다. 부러운 눈빛으로 보는 만수,
제 잔으로 고개를 돌린다.

C# 3

3) 만수, 제 애플주스를 멸시하듯 내려다본다.

C# 4

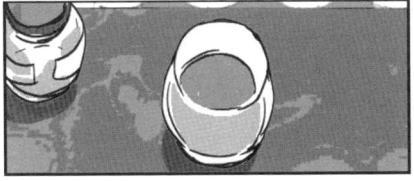

4) 만수 시점 ─ 애플주스병과 잔.

C# 5

5)　　3) 연결. 만수, 선출 팀을 본다.
노동과 음주, 만수의 눈에 이 사내들은 세상에서
제일 행복하다.

C# 6

6)　　술을 서빙한 바텐더가 프레임아웃한다.
건배하는 선출 팀.

선출, 캬! 하면서····

오른 팔꿈치로 제 옆구리를 두 번 힘차게 치고는
일어선다.

선출
먼저들 복귀해. 난 소화 좀 시키구.

알겠다는 대답과 동시에 일어서는 사내들.
줌아웃 / 트래킹 / 패닝 −

TRACKING　　PAN

만수 뒤로 지나가는 선출 일행.
만수도 슬그머니 자리에서 일어난다.

C# 1

1) 만수 시점 – 내리막길을 걷는 선출 뒤를 따라가는 카메라. 팔을 크게 휘두르면서 걷는 선출, 휘파람까지 불고 아주 에너지가 넘친다.

C# 2

2) 홀린 듯 선출을 따라가는 만수. 만수를 데리고 트랙백하는 카메라.

C# 3

3) **1) 연결.** 길을 익숙하게 걷는 선출, 코너를 돌아 건물 사이로 들어간다.

C# 4

4) **2) 연결.** 선출을 따라 코너를 도는 만수, 화면 우측으로 프레임아웃.

C# 5-1

5-1) 건물 사이로 지나가는 선출.

C# 5-2

5-2) 뒤따르는 만수.

C# 6

6) 걷는 선출 따라 사이드 트래킹.

C# 7

7) 걷는 만수 따라 사이드 트래킹.

C# 8

8) 선출 뒤를 따라가는 카메라. 만수, 프레임인한다.

C# 9

9) 계단을 내려오는 선출 뒤로 프레임인하는 만수.

029

SETUP 31 | 낮 | L | 12:45 / 13:00 | **[문샤인 바] 인근 산동네**

홀린 듯 선출을 미행하는 만수, 선출 머리 위로 고추 화분을 던지려다 생각을 바꾼다

C# 10

10) 골목길 계단을 내려가는 선출과 뒤따르는 만수.
카메라 패닝하면 —

계단을 내려와 좌측 골목으로 들어가는 선출.

만수, 프레임인한다.

C# 11-1

11-1) 선출을 따라 패닝 —

양방향 볼록거울 앞을 지나간다. 거울에 비친 만수.

111

낮 | L | 12:45 / 13:00 | **[문샤인 바] 인근 산동네**

홀린 듯 선출을 미행하는 만수, 선출 머리 위로 고추 화분을 던지려다 생각을 바꾼다

C# 11-2

11-2) 뒤따르는 만수 프레임인한다.
뒤쪽 볼록거울에 비친 선출의 뒷모습을 향해 줌인.

볼록거울에 비친 선출.

C# 12-1

12-1) 계단을 내려온 선출 —

우측으로 프레임아웃한다.

뒤따라 내려오는 만수.

좌회전하는 만수를 데리고 후진하는 카메라 —

C# 12-2

12-2) 걸어가는 만수 뒤로 전화기를 귀에 댄 선출이 보인다.

만수, 뒤에 선 선출을 느끼고 멈춘다. 뜨끔.

구석에 서서 통화에 집중하느라 만수를 못 보는 선출, 상대의 말을 열심히 듣는다.

누군가에게 애원하는 선출.

선출
아~ 든어이서 일주일띤 실아 모라니까.

슬금슬금 계단으로 돌아가는 만수, 프레임아웃.

선출
아파트하곤 비교 자체가 불가지!
····뭔 소리야, 배가 얼마나 자주 다니는데!

홀린 듯 선출을 미행하는 만수, 선출 머리 위로 고추 화분을 던지려다 생각을 바꾼다

C# 12-3

12-3) 카메라 상승, 만수가 다시 보인다. 계단을 올라가고 있다.

옥상에 오르는 만수.

C# 13

13) 개집 지붕에 올라서는 만수.
놀라서 개집에서 나오는 개들, 짖는다.
자리 잡고 서서 선출을 내려다보는 만수 뒷모습.

C# 14

14) 12) 연결. 서서 선출 내려다보는 만수.

C# 15-1

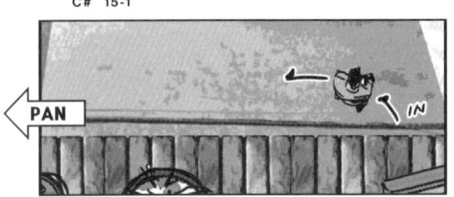

15-1) 만수 시점 – 통화하며 서성거리는 선출 –

낮 | L | 12:45 / 13:00 | [문샤인 바] 인근 산동네

홀린 듯 선출을 미행하는 만수, 선출 머리 위로 고추 화분을 던지려다 생각을 바꾼다

C# 15-2

15-2) 화분 밑으로 이동한다.

C# 16

16) 귀신에 홀린 듯한 만수의 표정.

C# 17

17) 개집 위에 놓인 화분 중에 하나를 발로 미는 만수. 화분이 프레임인한다.
화분의 윗둘레에 발을 올리는 만수, 살짝 힘을 주어 본다. 화분이 끄떡끄떡.

C# 18

18) **15) 연결.** 화분이 끄떡끄떡, 떨어지면 바로 선출 머리다.

C# 19

19) **16) 연결.** 만수, 망설인다. 만수를 향해 카메라 전진.

C# 20

20) **18) 연결.** 카메라 하강.
화분이 또 끄떡끄떡.

C# 21

21) **19) 연결.** 선출을 보며 망설이는 만수를 향해
카메라 전진.

C# 22

22) **20) 연결.** 화분, 끄떡끄떡.
카메라 하강하면서 선출로 초점 이동.

C# 23-1

23-1) **21) 연결.** 만수, 번뜩 정신 차린다.
입은 헤 벌어지고 눈에는 공포가 가득.

C# 23-2

23-2)
만수
니가 아주 미쳤구나, 미쳤어⋯⋯

돌아서는 만수.

C# 24

24) 13) **연결.** 개집에서 내려오는 만수, 고개 푹
숙인 채 생각하면서 카메라 쪽으로 걸어온다.

또 무슨 생각이 떠올랐는지, 우뚝 선다.
한번 떠오른 생각이 머리에 달라붙어 떨어지지를 않는다.

25-1) 시성이며 동화하는 선출 너머, 건물 옥상에
다시 나타나는 만수 손. 화분을 축대 밖으로 쭉 내민다.

선출
⋯⋯뭐? 아이고, 없어 없어!
정 겁나면 닭 키우면 되지,
닭이 뱀 잡아먹거든⋯⋯
여보 여보, 아니⋯⋯
집에서 바베큐 한 번은 해 먹어야지!
⋯⋯아니, 돼지지! 누가 뱀을 궈 먹어⋯⋯
술은 빼고지, 당연히.

C# 25-1

만수가 밖으로 내민 손에 들린 물건을 향해 줌인.

C# 25-2

25-2) 작은 화분이다.
그대로 놓으면 선출 머리에 정통으로 맞겠다.

C# 26

26) 눈 감고 화분을 놓으려다가 마는 만수를 향해
초점 이동. 퍼뜩 눈 뜨는 만수. 다시 생각해 보니
화분이 너무 가벼워서 충분한 타격을 못 입힐 것 같다.
아래로 프레임아웃하는 만수.

C# 27

27) 위에서 프레임인하는 만수,
화분을 내려놓고⋯⋯

조금 더 큰 화분을 들더니 다시 프레임아웃한다.

C# 28

28) 26) 연결. 프레임인하는 만수, 떨어뜨리려다
만다. 또 프레임아웃.

C# 29

29) 27) 연결. 더 큰 화분으로 바꿔 들었다가 금방 도로 내려놓는 만수.

두리번거리며 마땅한 사이즈를 찾는 만수의 다리.

C# 30

30) 28) 연결. 만수가 화면 좌측에서 들어온다. 자리 잡은 다음 끙 하고 제일 큰 화분을 얼굴 높이로 든다.

무거워서 점점 내려간다.

역도 선수처럼 힘을 내 휙 머리 위로 들어 올린다.
입술은 바짝 마르고 눈도 충혈됐다.
들어 올린 화분 바닥에 뚫린 구멍으로 흙탕물이 쪼르륵 흘러내린다.
긴장한 데다 무겁기도 해서 만수의 팔이 파들파들 떨린다.
카메라 후진—

| 낮 | L | 12:45 / 13:00 | [문샤인 바] 인근 산동네 |

홀린 듯 선출을 미행하는 만수, 선출 머리 위로 고추 화분을 던지려다 생각을 바꾼다

고추가 주렁주렁하게 달린 화분 전체 모습이 드러난다.

C# 31

31) 만수 시점 – 건물에서 조금 멀어지는 선출.
머리로 줌인.

C# 32

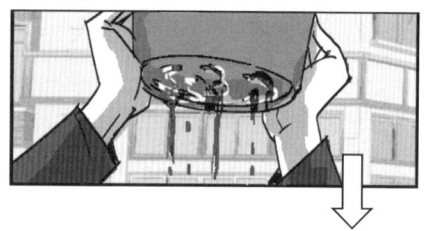

32) 물이 흘러내리는 화분 바닥에서 틸트다운 –

만수의 정수리에서 이마로 흘러내리는 흙탕물.

홀린 듯 선출을 미행하는 만수, 선출 머리 위로 고추 화분을 던지려다 생각을 바꾼다

C# 33

33) **31) 연결.** 만수 시점 – 선출, 고개 푹 숙이고
분을 삭인다.

C# 34-1

34-1) 32) 연결. 결심 못 하고 한참을 뜸들이면서
선출의 뒤통수를 노려보는 만수.
머릿속에서 두 만수가 논쟁을 벌인다.

고개 들어 먼산을 보는 만수.
카메라 상승 / 틸트다운 –

헛웃음 치는 만수, 앞에 누가 있기라도 한 듯 –

만수
어쩔 수가 없긴 뭐가 어쩔 수가 없이‥‥

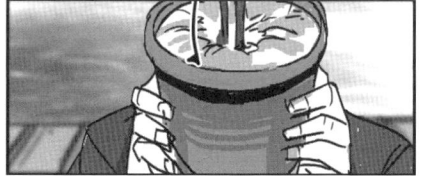

결국 팔에 힘이 빠지면서 화분이 내려와 –

| 낮 | L | 12:45 / 13:00 | [문샤인 바] 인근 산동네 |

홀린 듯 선출을 미행하는 만수, 선출 머리 위로 고추 화분을 던지려다 생각을 바꾼다

C# 34-2

34-2) 고추들이 만수의 시야를 가린다.

집주인
(소리)
근력 운동?

천천히 돌아보는 만수.

C# 35

35) 돌아보는 만수.

C# 36

36) 집주인, 개들을 가리키며—

집주인
운동을 왜 남에 집 위에 올라가서 하나?

내려다보는 만수.

C# 37

37) 만수 시점 – 말을 들은 양 올려다보며 컹컹 짖는 개집 주인들.

C# 38-1

38-1) 35) 연결. 당혹스러운 만수, 다시 제 앞을 본다.

낮 | L | 12:45 / 13:00 | **[문샤인 바] 인근 산동네**

홀린 듯 선출을 미행하는 만수, 선출 머리 위로 고추 화분을 던지려다 생각을 바꾼다

C# 38-2

38-2) 화분을 제자리에 얌전히 내려놓으며 중얼중얼하는 뒷모습. 스스로에게 핀잔주듯—

만수
어차피 애가 없어진다고 해서 그 자리를 내가 차지한다는 보장도 없는데, 그죠?

C# 39

39) 36)과 동시에 B 카메라.

집주인
거 차지해서 뭐하게.

C# 40

40) 36) 연결. 무릎에 힘이 풀려 주저앉는 만수.

만수
자리 하나 놓고 경쟁이 얼마나 치열하겠어, 안 그래요?

초점은 만수에게 머문 채—

집주인
뭐 그렇게 경쟁이 심한 자린 아니긴 한데⋯⋯

만수
그러게⋯⋯ 몇이나 될까?

선출을 부는 만수

C# 41-1

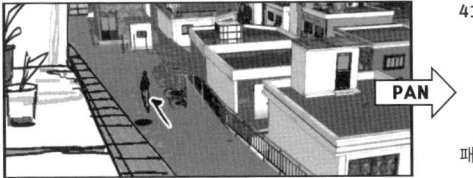

PAN

41-1) 만수 시점 — 전화 끊고 멀어져 가는 선출.

만수
(자신 없는 목소리)
한 열 명?

패닝해서 먼 풍경—

낮 | L | 12:45 / 13:00 | **[문샤인 바] 인근 산동네**

홀린 듯 선출을 미행하는 만수, 선출 머리 위로 고추 화분을 던지려다 생각을 바꾼다

C# 41-2

41-2) 그동안 미처 의식 못 했던 먼 풍경이 눈에 닿는다. 조그맣게 보이는 굴뚝의 끝에서 연기가 난다.

C# 42

42) **40) 연결.** 굴뚝을 보는 만수.

C# 43

43) 만수 시점 – 망원렌즈. 굴뚝의 끝. 연기를 보다가 틸트다운하면서 세로로 적힌 글자를 하나 읽는 카메라–

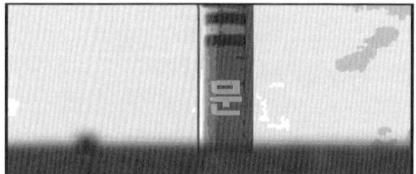

'문'.
그 아래로는 건물들에 가려 보이지 않는다.

만수
（소리）
일곱…· 정도?

C# 44-1

44-1) 만수, 천천히 일어선다.
틸트업–

C# 44-2

44-2) 조금씩 자신이 붙는다.

만수
다섯?

개집 옆 높이 1.5미터짜리 창고 지붕으로 올라가는
만수 —

공장을 본다.

C# 45

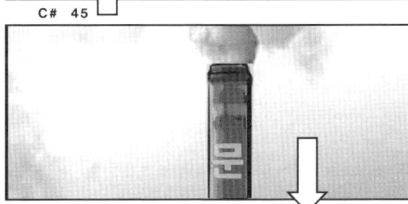

45) 만수 시점 — 굴뚝 클로즈업.
틸트다운하면서 '문', '제', '지', 세 글자를 하나씩
읽어 내려가는 카메라.

C# 46

46) 궁극의 목적지를 내려다보는 번뜩이는 눈에
담긴 무서운 결의의 만수.

만수
넷?

C# 47

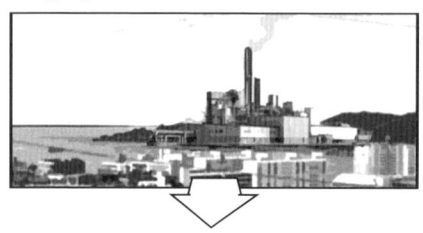

47) 만수 시점 – 뱀처럼 굽이굽이 꿈틀대는 강,
그 끝에 바다와 항구에 쌓인 통나무들, 그 앞에
자리 잡은 거대한 공장의 늦은 오후 햇빛을 받아
빛나는 주름진 쇠 지붕.
카메라 후진 –

만수 후측면이 프레임인된다.
스스로에 대한 더욱 공정한 평가 결과 –

만수
셋?

카메라 계속 후진 –

잠시 결의를 다지는 시간을 가진 다음 몸을 돌리는
만수 –

개집 지붕으로 내려온다. 만수, 화분을 가리키며 –

만수
이거 파세요.
(지갑을 꺼내며)
얼마 드리면 돼요?

집주인 뒷모습이 프레임인된다.

C# 48

48) **39) 연결.**

집주인

쟬 팔면 내가 평생 고추를 사 먹어야 되잖아,
그럼 그 고추 값이……
간단한 계산은 아닌데……
우선 내가 몇 년을 더 살지부터……
(손가락 셈)
기둘러기둘러……
이게 보기보다……

C# 49

49) 집주인 계산이 끝나기를 기다리는 만수.

집주인

(소리)
……비쌀 수가 있어, 각오해.

머릿속이 복잡한 만수, 건성으로 끄덕인다.
호형 트래킹—

공장이 프레임인된다.

C# 50

50) **48) 연결.** 손가락 계산하다 잠깐 눈 들어
만수를 보는 집주인.

C# 51

51) 줌인 / 트랙아웃 / 초점 이동, 공장이 가까워진다.

| 해거름 | O/S | 17:40 | 만수 집 마당 |

고추 화분과 쇼핑백을 들고 귀가하는 만수, 밥 먹으라 하는 미리

C# 1

1) 힘찬 발걸음. 수평으로 따르면서 상승하는 카메라.

쇼핑백과….

고추 화분을 든 만수.

거실 앞을 지난다. 소파에 무릎 꿇고 앉은 리원, 거실 창에 바짝 붙어 내다본다.
만수는 앞만 보고 걷느라 못 봤다.

C# 2

2) 리버스. 리원 너머 만수, 지나간다.

C# 3

3)   1) **연결**. 식당 앞을 지난다. 테이블 세팅 중인 미리도 만수를 발견한다.
식당의 열린 창을 통해─

미리

어디 가? 밥 먹자.

C# 4

4)   리버스. 만수, 화분을 들어 보인다.

만수

어? 어…… 요거만 좀 갖다 놓고.

턱으로 온실을 가리키며 발길을 재촉하는 만수, 프레임아웃.

한숨 쉬는 미리 뒷모습.

해거름 | O | 17:45 | 온실

구형 폴더폰과 프라모델 상자를 꺼내는 만수, [펄프멘] 광고 담당자에게 전화를 건다

C# 1

1) 고추 화분을 작업대에 내려놓는 만수.
호형 트래킹—

만수, 쇼핑백에서 구형 폴더폰을 꺼낸다.
틸트업하면—

두 전화기를 양손에 든 만수.

C# 2

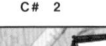

2) 만수 시점 – 왼손에 든 스마트폰 액정에 미리
검색해 둔 [펄프멘]의 전화번호.
왼손 내릴 때 우향 패닝—

오른손에 든 폴더폰에 그 전화번호를 입력하는 만수.

C# 3

3) 1) **연결**. 전화 거는 만수.

C# 4

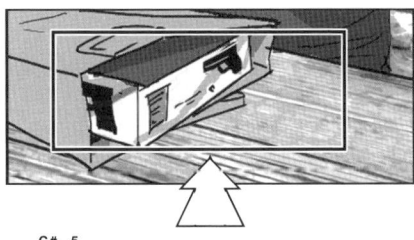

4) 전화 신호음 연결. 작업대에 올려 둔 종이
쇼핑백. 그 안에 든 상자가 조금 보인다.

만수
(소리)
····수고하십니다, [펄프멘] 광고
담당자시죠?

카메라 전진―
상자 뚜껑에 인쇄된, '북한제 64식 권총'이라는
글자와 식당 장식장에 놓인 것과 똑같이 생긴
권총의 사진.

C# 5

5) (주방에서 야채 씻는) 미리의 시점 ― 온실에서
서성대면서 통화하는 만수.
초점 이동하면―

창유리에 비친 미리의 얼굴.

C# 1

1)   광각렌즈. 검은 한복을 입은 아라, 머리를
바짝 뒤로 당겨 묶느라 바쁘다.
흰 무명 머리핀을 꽂는다. 커피 내리는 소리.

아라, 남편 꼴을 보기 위해 몸을 돌린다.

C# 2

2)   더러운 파자마 바람으로 소파에 앉은 범모,
밤새 마셔서 초점 흐려진 눈으로 소주병을 노려본다.
소주병을 잡으려고 헛손질.

아라
어이…… 웬만하면 그 잠옷 좀 내놓으시지,
빨게? 백 년 만에 샤워도 하고.

커피 머신 주전자를 드는 아라, 텀블러에 커피를
붓는다.

아라
그리구 저 배나무 다 죽일래?
벌레가 새카매.

방귀를 길게 뀌는 범모.

아라
야! 나까지 죽일래?

웃으면서 옷을 벗는 범모.
코를 틀어막고 프레임아웃하는 아라.
범모, 티셔츠와 바지를 벗어 바닥에 떨군다.

C# 3-1

3-1) 어처구니가 없어 일 초라도 꼴을 안 보려고
서둘러 집을 나서려는 아라, 현관 앞에 배달 온
잡지를 집어 던진다.

C# 3-2

3-2) 범모를 향해 날아가는 잡지.

C# 4

4) **2) 연결.** 잡지가 멀리 날아가 범모 머리에 정통으로 맞는다.

무표정으로 잡지를 줍는 범모.

C# 5

5) **3) 연결.** 아라, 블라인드 리모컨 버튼을 누르며—

아라
취해서 아픈 졸토 모드지?
너 그거 마비야, 마비!

6-1) 범모 너머 천창의 전동 롤스크린이 걷히기 시작한다.
카메라, 틸트다운 / 호형 트래킹.

범모
(트로트 창법으로)
어쩔 수가 없어요,
벌레가 끓어서 그래요. 그러니까 나한테……
(술병을 들어 보이며)
……약 좀 쳐 주세요.

C# 6-1

C# 6-2

6-2) 약 먹듯이 크게 꿀꺽 한 모금 하는 범모.

C# 7

7) 5) 연결.

아라

으이그…… 나 오늘 늦는다,

오디션 끝나고 약속 있어.

C# 8

8) 나가면서 문을 쾅 닫는 아라.
봉투를 찢고 잡지를 꺼내는 범모.

소파에 벌러덩 눕는다.

C# 9-1

9-1) 범모, 표지를 잠깐 본 다음….

C# 9-2

9-2) 잡지를 펼친다.

C# 10

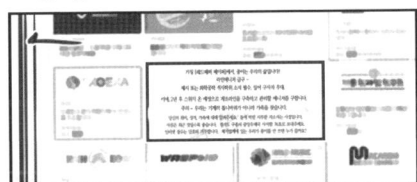

10) 범모 시점 – 만수가 낸 광고의 사각형이
만수가 말하는 영상으로 바뀐다. (VFX)

힘차고 유머러스하게 들리려고 애쓰는 만수의
음성으로 낭독.

만수
종이는 우리의 삶입니다!
가칭 [레드페퍼 페이퍼]에서 라인 매니저 급구-
제지 또는 화학공학 석사 학위 소지 필수,
일어 구사자 우대.

C# 1

1)   고추 화분을 안고 카메라를 향해 말하는 만수.

만수

저희 가칭 [레드페퍼 페이퍼]는
아직 이름을 밝힐 수 없는 유럽계 및 일본
제지사와 함께 3개사 조인트 벤처 설립을
한국에서 준비 중입니다.
저희의 목표는 특수 보안 용지에 특화된
최고급 부티크 팩토리입니다.

C# 1

1) 고추 화분 너머로 범모. 적막하다.
만수의 광고를 읽는 범모 눈동자,
초점이 살아났다. 머리를 바로 세운다.
범모 목젖에 침이 꿀꺽.

만수
(소리)
이에, 2년 후 스위치 온 예정으로
제조 라인을 구축하고 관리할
매니저를 구합니다.
주의 - 우리는 기계의 톱니바퀴가 아니라
가족을 찾습니다.

C# 2

2) 허리를 바로 펴는 범모.

일어서 팬티를 내린다.

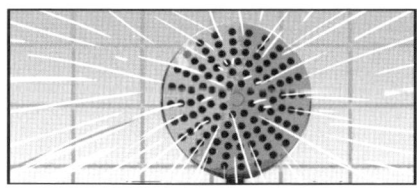

C# 3

3) 샤워 꼭지. 렌즈를 향해 쏟아지는 물줄기.

C# 4-1

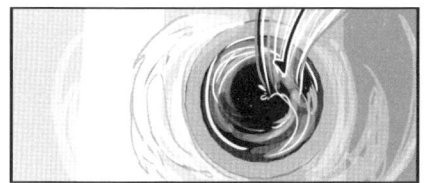

4-1) 하이앵글로, 싱크대 물 빠지는 구멍.
소주가 콸콸 버려진다.

C# 4-2

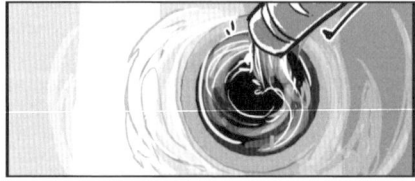

C# 5

C# 6

4-2) 소주병이 프레임에 들어와 마무리.

만수

(소리)

당신의 취미, 성격, 가족에 대해 알려 주세요.

틀에 박힌 지루한 자소서는 사절입니다.

사진은 클수록, 최근 것일수록 좋습니다.

경기도 구종시 중앙우체국

사서함 76호로 보내 주세요.

인터넷 접수는 단호히 거부합니다.

제지업계에 있는 우리가 종이를 안 쓰면

누가 쓸까요?

5) 범모, 깨끗한 바지와 티셔츠로 갈아입었다.

왼쪽에는 새 소주병들이 든 박스.

오른쪽에는 빈 소주병 다섯.

방금 비운 병을 오른쪽에 놓는 범모, 새 병을 든다.

근경에는 잡지.

6) 막 샤워를 마쳤는지 머리카락이 젖은 범모,

뚜껑을 따 술을 싱크대에 또 콸콸 따라 버린다.

많이 울었는지 눈이 퉁퉁 부었고 양 콧구멍 주변

피부가 빨갛게 일어났다.

C# 1

1)　계단 오르는 범모, 작업복 점퍼까지 입었다.

범모
(소리)
제 이름은 구범모입니다.
보강폴리머지 못지않게 질긴,
저와 종이의 인연은 제가 태어나기도 전에
이미 시작되었습니다.

C# 2

2)　음반에 바늘을 올려놓는 범모의 손.
[이별의 종착역]이 흘러 나온다. LP 장 앞으로 가는 범모.

범모
(소리)
…… 1세대 제지맨이었던
큰아버지의 권유로
강원대 제지공학과에 들어갔으니 말이죠.

LP 장 위에 둔 타자기를 들어 책상 앞으로 가는
범모를 따라 우향 패닝―

PAN

범모
(소리)
1999년 해병대 제대 직후
[남선 제지] 입사,
2013년부터 고객 대부분이 방위 산업체였던
보강폴리머 생산 라인의 책임을 맡았습니다.
2023년 국방부의 전략 변화에 따라
생산 라인이 폐쇄되자 그 여파로……

PAN

책상에 내려놓는 범모, 커버를 벗기자 타자기가
모습을 드러낸다. 오랜만에 반갑다는 듯 손으로
한번 쓸어 주는 범모.

단정하게 쌓아 둔 고급 타자 용지 뭉치에서 한 장을 든다.

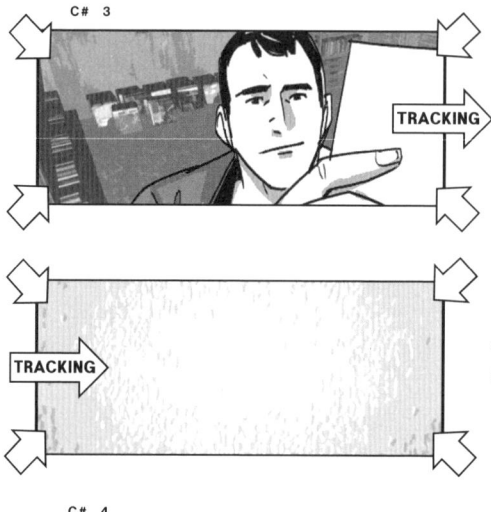

3) 타자지를 햇빛에 비춰 보는 범모. 오른손이 프레임인해, 엄지와 검지로 종이를 잡고 비비면서 음미한다.

범모
(소리)
2018년, 펄프맨 협회 선정
[올해의 펄프맨] 수상.
지난 직장과 다음 직장 사이인 상태로
8개월을 지낸 저는 이제 배터리가 완전히
충전되었음을 느낍니다.

종이를 향해 트래킹/줌인해서ㅡ
종이가 화면에 꽉 차게.

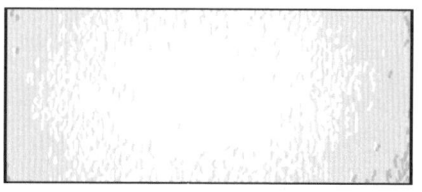

범모
(소리)
긴 자유 시간 동안 저는 제지와
폴리머 공학의 최신 이론을 공부했습니다.

4) 두꺼운 종이의 결이 생생히 보인다.

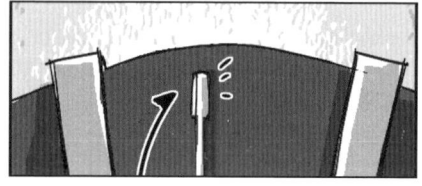

타자기 해머에 의해 깊게 파이듯 새겨지는 글자들ㅡ

'제 이름은 구범모입니다.'
트랙백하면ㅡ

C# 5

5) 범모 뒷모습. 점퍼 등판에 적힌 글씨 –
[남선 제지].
(C# 3&4&5, 3개 숏 VFX 스티칭)

범모
(소리)
현재 저의 가장 큰 집념은 폐지 재생에 있어서
잉크의 비관습적인 제거 문제로⋯⋯

C# 1

1) 우체국에서 나오는 만수, 백 통은 됨 직한 우편물 뭉치를 들었다.
카메라 후진 —

조수석의 리원이 프레임인된다.
만수는 이제 세이지 그린색 — 물론 중고 — 구형 아반떼를 몬다. 조수석 창 너머로 리원에게 서류 봉투들을 건네는 만수, 운전석으로 간다.

봉투를 하나씩 넘기면서 수신인 이름을 반복해서 낭독하는 리원. 모두 [레드페퍼 페이퍼] 인사과장 앞으로 왔다.
카메라 계속 후진, 운전석 옆으로 프레임인하는 만수의 몸.

범모
(소리)
철저한 아날로그 인간으로서 저는,
음악은 바이닐로만 듣고
사진은 필름으로만 찍으며
편지는 오로지 종이로만 씁니다.
이제 저는 자유로운 입장에서
경험과 전문성을 특수지 업계의 젊은 회사에
바치고 싶습니다. 제 도전 정신이⋯⋯

C# 2

2) 승차하는 만수.

C# 3

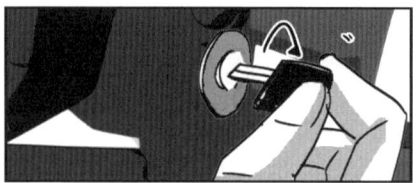

3) 시동을 건다.

C# 4

4)　　RPM 표시하는 빨간 바늘이 훅 움직인다.

C# 1

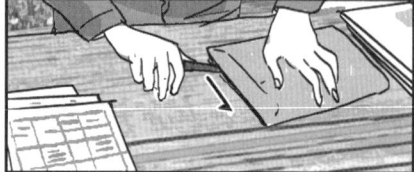

1) 페이퍼 나이프로 받아 온 우편물들 봉투를 뜯는 만수.

내용물과 봉투를 구별해 쌓아 놓는다.

C# 2

2) 이력서 검토하는 만수.
'일본어 회화 – 상'에 빨간 색연필로 밑줄 긋는다.

C# 3

3) '화학 박사'에 색연필로 별표 표시한다.
시험지 채점하는 교사 같다.

C# 4-1

4-1) 자소서의 한 단어에 동그라미 친 다음 덮는다.

C# 4-2

4-2) 맨 윗장 이력서에 'B'라고 적은 다음····

B를 받은 사람들 뭉치 위에 올려놓는다.
C 이하는 따로 한 무더기.

C# 5

5) 온실 밖에서 본 모습. 온실 안팎의 식물들
사이로, 열일하는 만수 뒷모습. 기지개 켠다.

C# 6-1

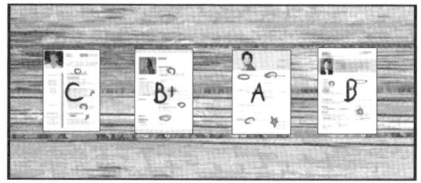

6-1) A그룹을 가운데 놓고····

나머지는 하나로 합친 다음 주변으로 치운다.

이력서 검토 끝에 세 명의 타깃 – 구범모와 고시조 그리고 최선출 – 을 결정하는 만수

C# 6-2

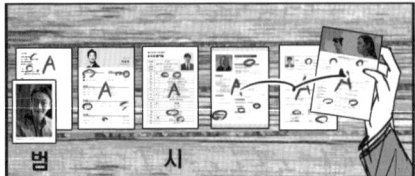

6-2) A그룹에 속한 여섯 사람을 옆으로 나란히 늘어놓는다. 각각 맨 위에 사진과 점수.

한 장씩 들춰 보면서 A 옆에 플러스 제로 마이너스 표시를 더한다.

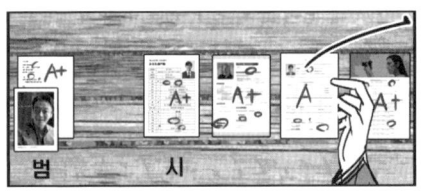

제로와 마이너스 받은 둘은 '나머지' 뭉치로 옮겨진다.

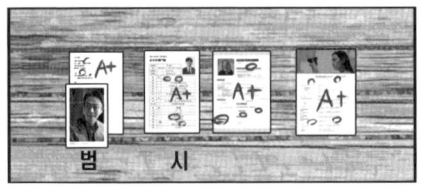

결국 남은 A 플러스 넷의 순서를 정해 한 뭉치로 만든다.

C# 7

7) 네 사람 서류를 재검토하는 만수. 선택이 너무 어렵다. 치통까지 엄습한다. 고심 끝에 아이디어를 떠올린다.

C# 8

8) 서랍에서 자기 이력서를 찾아내 가져온다.

C# 9

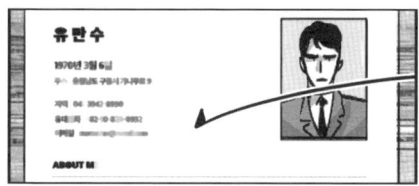

9) 프레임인해, 작업대에 올라오는 만수 이력서.

C# 10

10) **7)** **연결.** 자기 포함 다섯 사람을 객관적으로 비교해 순위를 매기는 만수.

C# 11-1

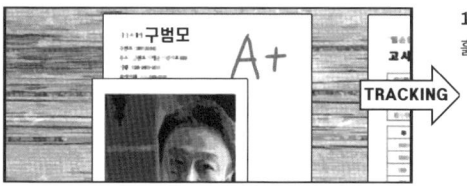

11-1) 오른쪽으로 트래킹하면서 한 사람 한 사람 훑어가는 카메라.

C# 11-2

11-2) 맨 마지막 만수 이력서에 도착하면 카메라 멈춘다.

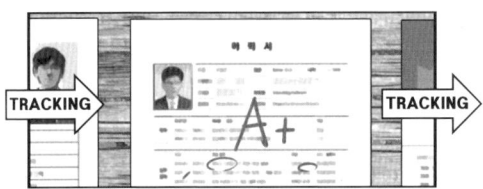

만수 손이 들어와 자기 이력서를 네 번째 이력서와 바꾼다.

C# 12

12) 10) 연결. 만수, 갸우뚱.

C# 13

13) **11) 연결.** 자기 이력서를 넘겨 가면서 재빨리 빨간 동그라미, 별표, 밑줄 표시.

C# 14

14) 스스로를 평가하는 일에 몰두하는 만수.

C# 15

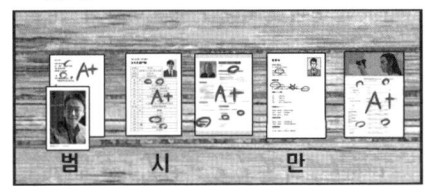

15) **6) 연결.** 세 번째 이력서와 자기 이력서 내용을 비교 검토하는 만수.

자기 것을 3등으로 승격시킨다. 그런 식으로 또 두 번째 이력서와 비교한 다음⋯

2등으로 올린다.

이력서 검토 끝에 세 명의 타깃 – 구범모와 고시조 그리고 최선출 – 을 결정하는 만수

C# 16

16)　14) 연결. 두 사람만 죽여도 된다는 생각에 행복해지는 만수. 진통제를 먹는다. 그러다가 '아, 잠깐!' 표정.

C# 17

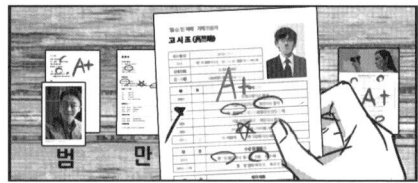

17)　15) 연결. 원래 2등이었던 시조의 이력서를 다시 뒤지는 만수.

C# 18

18) 　 별표 표시된 '일본 고베 소재 [이시이 제지]에서 2년 근무'라는 이력서의 한 줄.

C# 19

19)　16) 연결. 열세를 인정하는 만수.

C# 20

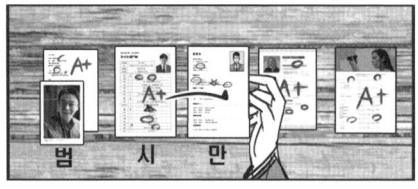

20)　17) 연결. 시조와 자기를 바꾼다. 자기는 도로 3등이 된다.

C# 21

21) 자기 이력서는 밀쳐놓고 4등 5등 이력서를
탈락자 뭉치에 더한다. 탈락자 뭉치를 드는 만수.

C# 22

22) 온실 밖에 화분을 내놓고 불을 붙이고
들어가는 만수.

C# 23

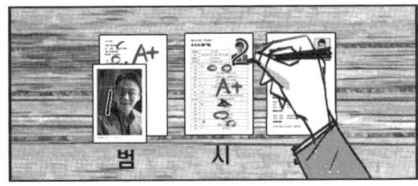

23) 20) **연결.** 구범모와 고시조 사진에 1과 2를
쓰는 만수.

C# 24

24) 열쇠로 서랍을 연다.

프라모델 상자를 꺼내 프레임아웃.

C# 25

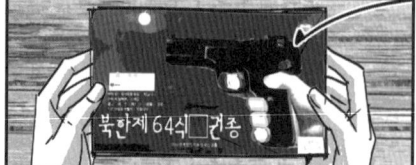

25) 작업대에 프라모델 상자를 놓고 뚜껑을 연다.

업계지에서 찢어 둔 선출 사진이 크게 실린 인터뷰 페이지가 보인다.

C# 26

26) 12) 연결. 선출을 내려다보는 만수.

C# 27-1

27-1) 25) 연결. 선출 사진에 3을 쓴다.

그 위에 고시조 이력서를 올린다.

| 밤 | O | 20:30 | 만수 집 온실 |

이력서 검토 끝에 세 명의 타깃 – 구범모와 고시조 그리고 최선출 – 을 결정하는 만수

C# 27-2

27-2) 그다음에 구범모 이력서.

C# 28

28) 26) 연결. 첫 타깃 얼굴을 유심히 보는 만수.

C# 29

29) 27) 연결. 뚜껑을 닫는 만수 손. 권총 사진.

C# 1

1)　거대한 회색 콘크리트 덩어리들이 도미노처럼
늘어선 황량한 풍경.
건설 중인 고층 아파트들을 훑어가는
드론 카메라—

멀리서 달려오는 덤프트럭을 향해 전진한다.

중앙도로 말고는 포장도 되지 않아 덤프트럭들이
다닐 때마다 흙먼지가 날린다.

트럭이 먼지를 잔뜩 일으키며 빠르게 스쳐
지나간다.

트럭을 따라오는 만수의 아반떼.

C# 2

2)　아반떼에 리깅된 카메라.
먼지 뒤집어쓴 차를 운전하는 단정한 면접 복장을
한 만수가 보인다.
(C# 1&2 VFX 스티칭)

| 낮 | L | 14:20 / 14:30 | 만수 차 / 범모 집 앞 |

차 세워 놓고 쌍안경으로 범모 집을 살피는 만수

C# 1

1)   김현식 목소리가 뚝 끊기고 교외의 한가로운 새소리만.
만수의 쌍안경 시점 – 범모 집 정면.

C# 2

2)   차 세워 놓고 운전석에 앉은 만수, 몸을 틀어 조수석 너머 범모 집을 관찰한다.

C# 3

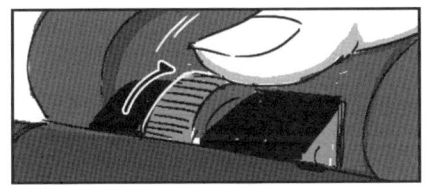

3)   쌍안경 포커스를 조정하는 만수.

C# 4

4)   **1) 연결**. 근경의 배나무 가지로 초점 이동.
계절에 안 어울리게 헐벗은 배나무, 병충해로 죽어 간다.

C# 5

5)   **2) 연결**.

C# 6

6) 만수의 심리적인 비전으로, 얼마 안 남은 배나무 잎 하나의 클로즈업 – 잎맥만 생선 가시처럼 앙상하게 남았다.

C# 7

7) 더 클로즈업. 조금 남은 살점을 열심히 갉아먹는 십이점박이잎벌레.

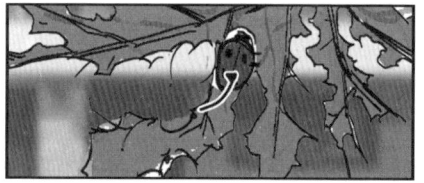

무시무시한 사각사각 소리.

C# 8

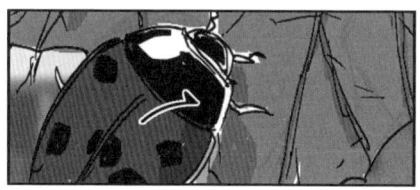

8) 더 클로즈업. 벌레가 먹고 지나가면서 뚫린 잎 너머로 집이 보인다.

초점 이동하면 감시카메라.

차 세워 놓고 쌍안경으로 범모 집을 살피는 만수

C# 9

9) 쌍안경 시점 – 감시카메라.

C# 10

10) 만수, 현관 앞에 달린 감시카메라에 좌절의 한숨. 틀었던 몸을 되돌려 등받이에 기댄다.

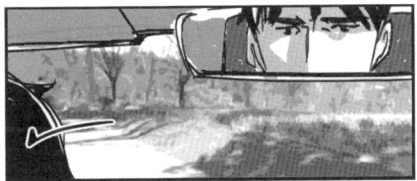

실물 만수가 프레임아웃할 때 룸 미러로 초점 이동. 거울에 비친 만수, 궁리하다가 시동 건다.

C# 11

11) 드론 숏. 떠나는 만수의 차.

C# 1

1)   디졸브.

내비게이션 화면 – 전 씬 마지막 숏에서의 범모
집 / 도로의 위치가 일치한다.

산을 끼고 돌아가는 차. 우향 패닝하면–

뒷동산.

C# 2

2)   한적한 차로의 갓길에 주차하는 만수.

쌍안경을 들고 내려서 주위를 살핀 다음,
범모 집 뒷동산으로 올라간다.

C# 1

1)　　휴대전화로 지도를 보면서 단풍으로 물든 작은 산을 넘어오는 만수.

C# 2

2)　　쓰러진 통나무에 걸려⋯⋯

넘어지는 만수.

다시 일어나 걷는다.

C# 3-1

3-1)　범모 집이 잘 보이는 위치에 나타나는 만수.

C# 3-2

3-2) 범모 집으로 초점 이동.

C# 4

4) 바위 뒤에 숨은 만수, 관찰한다.

C# 5

5) 만수 시점 – 범모 집.
2층 음악감상실에는 커튼.

C# 6

6) 4) 연결. 쌍안경을 꺼내는 만수.

C# 7-1

7-1) 쌍안경 시점 – 감시카메라 하나….
패닝하면 –

C# 7-2

7-2) 감시카메라가 하나 더 있다.

C# 8

8)　6) **연결**. 고심하다가 제 스마트폰을 꺼내 어디론가 전화를 거는 만수.

만수
어, 남구야. 잠깐 통화 가능?
·····혹시 말야, 면접 결과 아직 안 나왔나
해서····· 아····· 미리 늘은 거 솜 없어?
결과를 알아야 내가·····
아니, 내가 어떤 계획을 추진 중인데,
[파피루스] 결과에 따라서 내가 이걸·····
아, 바쁘지?

C# 9

9)　멀리 아래 범모 집의 창을 열고 준오가 몸을 내민다.

C# 10-1

10-1) 놀라는 만수.
만수
·····그래, 미안····· 어, 그래.
서둘러 통화를 마무리한다.

C# 10-2

10-2) 만수, 범모의 사진을 왼손에 꺼내 들고
쌍안경으로 준오의 얼굴을 확인한다.

C# 11

11) 쌍안경 시점 – 창으로 나오는 준오.

화분 뒤에 숨겨 둔 오토바이 헬멧을 집어 드는 준오.

C# 12-1

12-1) 틸트다운 중에 쌍안경을 눈에서 떼는 만수.

만수 시점 – 범모 사진.
도로 틸트업 –

C# 12-2

12-2) 쌍안경이 다시 들어온다.
벽을 타고 이상한 코스로 걷는 준오를 관찰한다.
준오가 신경 쓰는 시선 방향으로 빠르게 틸트업—

감시카메라.
수평으로 패닝—

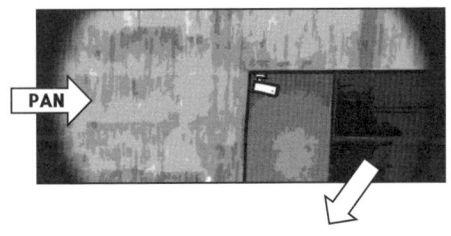

또 하나의 카메라.
다시 준오로 틸트다운.

이쪽으로 걸어오는 준오.
(C# 11 & 12 VFX 스티칭)

C# 13-1

13-1) 쌍안경을 내리는 만수, 깨달음.

C# 13-2

13-2) 다시 쌍안경으로 준오를 찾는 만수.

C# 14

14) 두리번거리는 쌍안경 시점.

갑자기 가까운 데서 쑥 나타나는 준오.

C# 15

15) 깜짝 놀라 쌍안경을 떼는 만수.

C# 16-1

16-1) 3) 연결. 자리를 뜨는 만수를 따라 패닝 –
(대역)

PAN

C# 16-2

16-2) 서둘러 몸을 피한다.

C# 17

17) **16)** 시작과 같은 앵글.
얼마 후 준오가 프레임인한다.

C# 1

1) 아반떼가 온다.

차에서 내리는 만수.
(카메라 뒤) 그네 타는 리원을 발견한다.
멈칫했다가 걸어가면서 프레임아웃 —

C# 2

2) 기둥에 가려 보였다 안 보였다 하는 리원.
한 발로 땅을 살짝 차 정확히 같은 각도로 오간다.
그네 위에 대롱대롱 매달린 작은 블루투스
스피커에서 첼로 독주곡이 나온다.
만수 프레임인 —
카메라 전진 —

만수 뒷모습을 프레임아웃시킨다.

C# 3-1

3-1) 시간 경과. 이미 가까이 와 지켜보고 선 만수.

C# 3-2

3-2) 만수, 허리를 굽히고 —

만수
리원이 오늘 하루는 어땠어?

C# 4

4) 만수 시점 — 리원 얼굴이 멀어졌다
가까워졌다 한다.

앞으로 나올 때마다 다리를 쭉 뻗는다.

C# 5

5) 만수 측면.

C# 6

6) 5)와 동시에 B 카메라 – 바닥을 차는 리원의 발.

C# 7

7) 5) **연결.** 리원 발이 화면에 들어온다.

C# 8

8) 4) **연결.** 점점 더 큰 각도로 오고 가는 리원.

C# 9-1

9-1) 만수가 다가온다.

C# 9-2

9-2) 리원이 다리를 벌려 준다.

만수
아빠 힘들었어‥‥
어떤 집에 잘생긴 배나무가 있는데
벌레가 끓어가지고 다 죽어 가더라?
아빠 맘이 좀 아팠어.

양손을 드는 만수, 손바닥을 펼친다. 리원이
발바닥으로 하이파이브하듯 아빠 손바닥을 민다.
만수, 딸이 호응해 줘서 고맙다.

C# 10

10) 8) **연결**. 만수 손을 건드리며 오고 가는 리원.

리원
우리 형편에 이 많은 식구를
먹여 살릴 순 없다고 생각해.

C# 11

11) 9) **연결**. 만수, 쓴웃음.

| 밤 | O | 20:30 | 만수 집 온실 |

플라스틱 권총을 조립하는 만수

C# 1

1)   작업하는 만수.

C# 2

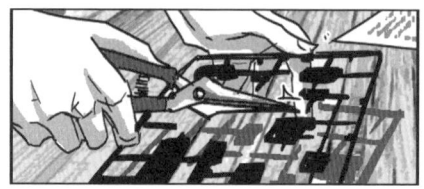

2)   전지가위로 플라스틱 권총 부품을 프레임에서
떼어 낸다.

C# 3

3)   조립한다.
카메라 이동 —

TRACKING

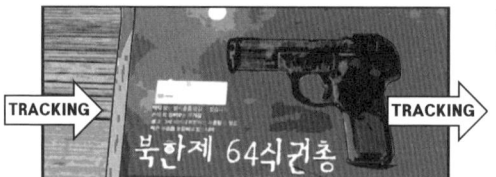

TRACKING   TRACKING

프라모델 상자 뚜껑까지.
우향 트래킹 중에 디졸브.

SETUP 1	장식장에서 상자 자물쇠를 열고 진짜 권총과 몰래 바꿔치는 만수

C# 1

1) 디졸브. 어둡다. 유리 상자 안에 든 진짜 권총.
휴대전화 플래시 빛이 반사된다.
전화기 든 만수가 다가오는 모습이 유리에 비친다.

손이 들어와 조심스레 장식장 문을 열고,
상자 자물쇠를 연다. 카메라 후진.

만수, 진짜 권총을 꺼낸다.
허리춤에서 가짜 권총을 꺼내 유리 상자 안에
넣고 자물쇠를 채운다.

진짜 권총을 허리춤에 꽂고 주변을 경계하면서
살금살금 떠나는 만수.

C# 1

1) 환자의 위치를 잡아 주는 미리.

자기 자리로 와서 환자의 이를 방사선 촬영한다.

C# 2

2) 복도로 나오는 미리.

미리
수고하셨습니다.
대기실에서 기다려 주세요.

환자에게 대기실 안내를 해 준다.

접수 보는 간호조무사 민지가 눈짓을 하자
고개 끄덕이고 진료실로 가는 미리.

C# 3

3) 한 환자가 진료 의자에 앉아 대기 중이다.
진료실에 들어오는 미리.

미리
오래 기다리셨죠, 선생님 오시기 전에
잠깐 체크 좀 할게요.

등받이를 눕힌다. 은미 머리가 프레임인한다.
미리, 은미를 향해 머리를 숙이며-

미리
아 해 보⋯⋯

환자가 은미라는 사실을 알고 놀란다.

C# 4

4) 은미도 놀란다.

은미
뭐야, 자기가 왜⋯⋯ 간호사였어?

C# 5

5) 3) 연결.

미리
치위생사야. 다른 거야.
(잠시 어색한 침묵)
댄스 배우는 시간 아냐?

C# 6

6) 4) 연결.

은미
이빨 아파서 못 갔지⋯⋯

| 낮 | L | 12:43 | **[오진호 치과]** |

근무 중 우연히 은미를 만나는 미리

C# 7

7)　5) 연결.

　　　　　　미리
　　　그럼 아~ 해 봐.

C# 8

8)　　6) 연결. 녹색 린넨으로 얼굴을 덮어 버리는
미리. 은미, 입만 보인다.

　　　　　　은미
　　그래두 댄스파틴 올 거지?

C# 9

9)　　7) 연결. 벌어진 입에 치경을 집어넣는 미리.

　　　　　　미리
　　학원 관뒀는데 어떻게 가.

은미가 치경 때문에 뭐라고 웅얼웅얼 말하는데
진호가 나타난다. 미리의 어깨에 가볍게 손을
올리며—

　　　　　　진호
　　이 선생님, 퇴근하세요.
　　리원이 데리러 가야죠.

C# 10

10)　미리와 진호 사이로 보이는 은미, 녹색 천을 살짝 들고 호기심에 찬 눈으로 둘을 번갈아 본다.
미리, 프레임아웃.

C# 1

1) 쌍안경을 꺼내 드는 만수.

C# 2

2) 쌍안경 시점 – 범모 집 2층 침실을 지나….

음악감상실이 들여다보인다. 음반이 가득 꽂힌 장과 오디오 장비들. 사람은 없다.

범모 머리가 쑥 올라온다.

C# 3

3) 1) **연결**. 기겁하는 만수, 재빨리 수풀에 숨는다.

C# 4

4) 집 쪽에서 올라오는 범모.

C# 5

5) 만수, 범모의 사진을 꺼내 비교한다.
사진 속 깔끔한 모습과는 달리 부스스한 머리를
하고 있지만 확실히 범모다.

C# 6

6) 나무 뒤에서 살짝 몸을 내미는 만수, 한 눈만
보인다.

C# 7-1

7-1) 4) **연결.** 피크닉 바구니를 든 범모, 지팡이로
풀과 바위를 툭툭 건드리면서 걷는다.
카메라 트래킹―

나무 뒤에 숨은 만수가
프레임인된다.
만수 앞을 지나가는 범모.

C# 7-2

7-2) 만수에게 접근하는 카메라.

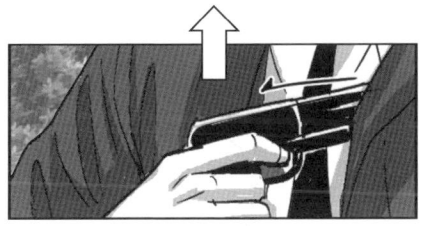

총을 꺼낸다. 덜덜 떤다.

바싹 마른 입술을 핥는 만수.

C# 8

8) 만수 시점 – 범모가 멀어진다.

C# 9-1

9-1) 범모가 프레임인 & 아웃한 다음에…

C# 9-2

9-2) 조용히 일어서 모습을 드러내는 만수.

C# 10

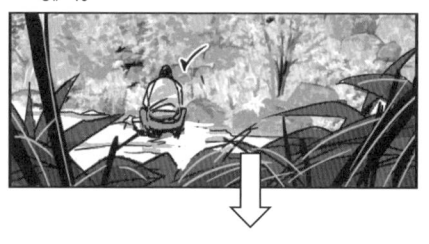

10) 만수 시점 – 버섯을 발견하는 범모,
쪼그리고 앉아 들여다본다.
틸트다운하면 –

권총 든 손. 양손을 이용해서 안전장치를 푸는 만수.

슬라이더도 당기는데 기분 탓인지 고물이라
그런지 소리가 엄청나게 크게 느껴진다.

C# 11

11) 9)연결. 권총을 겨누는 만수. 덜덜 떨리기
시작하자 왼손도 올려 꽉 잡는다. 양손이 다 떨린다.

C# 12

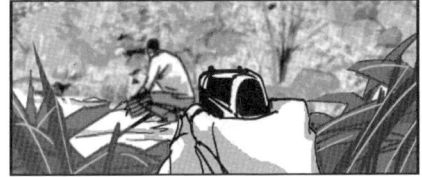

12) 만수 시점 – 가늠자와 가늠쇠, 범모의 등이
한 줄에 선다.

C# 13

13) 총 잡은 양손이 아직도 떨린다.
초점 이동－

얼굴에 땀이 흘러내리더니 눈에 들어간다.
옷소매로 땀을 닦고 끔뻑거린다. 손바닥에 흥건한 땀을
옷자락에 문질러 닦는다.

C# 13A

13A) 버섯을 따는 범모의 손.

C# 14

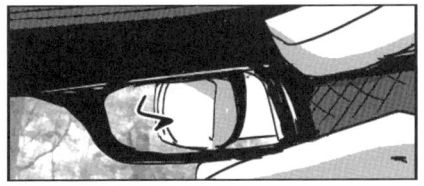

14) 손가락이 방아쇠울에 들어온다.

C# 14A

14A) 버섯을 들여다보는 범모.

C# 15

15) **13) 연결.**

> 아라
> (소리)
> 또또 아무 버섯이나!

당황하는 만수, 반사적으로 푹 주저앉는다.

C# 16

16) **14A) 연결.** 돌아보는 범모, 버섯을 우물우물 씹고 있다.

> 아라
> (소리)
> 또 백 번 똥 싸다가
> 똥구멍 다 헐구 싶냐.

C# 17-1

17-1) 아라가 지팡이를 휘두르며 잰걸음으로 온다. 긴 머리를 묶고 챙 넓은 모자, 통 큰 치마에 가죽 부츠. 남편 따라잡느라 서둘러서 그런지 뽀얀 양 볼에 관능적인 홍조가 어렸다.
카메라 후진—
아라, 말아서 겨드랑이에 낀 담요를 보여 주며—

> 아라
> 담요 없으면 등 배긴단 말야.

카메라 계속 후진하면 범모가 프레임된다.
아라가 가까이 오자 범모가 몸을 돌리고
둘은 나란히 걷는다.
카메라 후진—
두 사람 뒤로 멀리, 허리 숙인 채 뒤따라오는 만수,
민첩하게 지그재그로 뛰었다 숨었다 나타났다, 바쁘다.

C# 17-2

17-2)
> **범모**
> (능청스럽게)
> 누워서 뭐 할라구, 뱀 나오는데?
> **아라**
> 으이구……

다 알면서 왜 이러느냐는 듯 등짝을 치는 아라.
가볍게 쳤는데도 어구구구 하며 휘청거리는
범모. 까르르 웃는 아라, 범모에게 팔짱을 낀다.
장난기는 잠시, 범모는 다시 무표정.

C# 18

18) 입 벌리고 고개 드는 아라, 햇빛을 얼굴에
받으며 걷는다.
범모에게 초점 이동-

> **범모**
> 면접 보러 오라는 연락이 안 와……
> **아라**
> 오겠지. 당신부 나셔믐 애 뵈.

초점은 계속 범모에게. 턱끈으로 고정된 모자를
머리 뒤로 넘기는 아라.

C# 19-1

19-1) 아내를 잠깐 돌아보는 범모, 무성의하게-
> **범모**
> 뭘?

C# 19-2

19-2)

아라
(입 벌리고 말하느라 어눌한 발음)
바람을 햇빛에 쌈 싸 먹어.
단풍에 듬뿍 찍어서.

범모
그래도 항상 면접까진 갔었는데‥‥

돌아보는 아라, 표정 변한다.
범모의 안절부절못하는 태도가 맘에 안 든다.
한두 발 더 걷다가 팔짱 빼고 멈춰 선다.
카메라는 계속 범모를 따른다.
아라, 프레임아웃된다.

화면 밖에 멈춰 선 아라, 소리 빽—

아라
(소리)
그럼 나는?

멈춰 서 돌아보는 범모.

C# 20

20) 바위 뒤에 숨어 있던 만수, 따라가려다 말고
다시 숨는다.

멀리 부부가 보인다.

C# 21

21) 아라 정면.

아라
나 오디션 또 떨어졌어.

C# 22

22) 범모 정면.

C# 23

23) 21) 연결.

아라
너무 탱탱한 거지,
남편 잃고 울부짖는 여인이라기엔.
그래도 오랜만에 [문예회관] 가니까 좋더라.

종종종 걸어오는 아라.
카메라 후진—

범모 뒷모습이 프레임인된다.

두 사람 다시 팔짱 끼고 걷기 시작. 카메라 후진—

아라
정전된 날 밤 기억나?
우리가 처음으로 같이 연극 본 날.

185

C# 24

24) 뛰어와 나무 뒤에 숨는 만수.

C# 25

25) 좁은 공터에 이르는 부부.
갈라진 바위 사이에 담요를 펴는 아라.
바구니에서 도시락을 꺼내는 범모.

C# 26

26) 24) 연결.

아라
(소리)
2막 중에 갑자기 불이 나갔잖아.

C# 27

27) 턱끈을 풀어 모자를 벗어 놓는 아라,
이야기한다.

아라
'오, 혁신적인 연출이네' 생각했지.
비상구 등까지 꺼지니까 사람들 패닉하고
여자들 비명이 막····
나두 공황 땜에 미치기 직전이었는데
그때 나타난 거야. 어디선지도 모르게 갑자기,
가로등 켜지듯이···· 당신 얼굴이.

C# 28

28) 손가락을 탁 튕기는 아라.

C# 29

29) 플래시백 – 지포 라이터를 켜는 과거의 범모.
초점 이동해서 –

극장의 어둠 속에서 빛을 받는 얼굴, 미소 짓는다.

C# 30

30) 과거의 아라, 매혹된다.

C# 31

31) 뒷걸음하는 젊은 범모.

아라
(소리)
미소 지으면서⋯⋯ 뒷걸음치면서⋯⋯
문으로 날 이끌어 주면서.
(젊은 범모가 말하는 모습에, 목소리는 계속 아라)
"아라 씨, 나만 따라와요, 나만⋯⋯ 아라 씨⋯⋯"

C# 32

32) 걷는 젊은 아라.

C# 33

33) 31) 연결.

C# 34

34) 튀긴 닭다리를 눈앞에 든 범모, 들여다본다.
라이터 든 모습과 비슷하다.

C# 35

35) 담뱃불 붙이면서 꿈꾸듯 혼잣말하는 아라.

> 아라
> 난 그때가 제일 순수했던 거 같애⋯⋯

말하면서 뒤로 눕는 아라.
카메라 전진 / 틸트다운—

> 아라
> 오동-통-하니⋯⋯

36) 닭고기를 한 입 크게 베어 무는 범모,
휴대전화를 꺼내 [레드페퍼 페이퍼]에서
온 문자나 메일이 없는지 확인한다.

C# 36

> 아라
> (소리)
> 그날 난 첫 키스를 허락했지⋯⋯
> 당신이 뭐랬는지 기억나?

범모, 닭다리 씹으며 절레절레.

C# 36A

36A) 닭다리 먹는 범모의 입.

C# 37

37) 플래시백 – 키스를 끝내고 얼굴을 떼는 젊은 범모. 젊은 아라의 얼굴을 감싼 범모의 오른손.

엄지로 아라의 입술을 어루만진다.

C# 38

38) 플래시백 – 아라 시점 – 젊은 범모가 말한다. 립싱크. 범모의 입 모양도 '오카모토'.

아라
(소리)
"아라 씨 입술은
최상급 오카모토 습자지보다
부드럽습니다."

C# 39

39) 만수, '아, 이름 틀렸는데!' 표정.

C# 40

40) 34) 연결. 아니나 다를까, 범모도 우물무울—

범모
아키모토. 오카모토 아니고.

C# 41

41) 35) 연결. 대사 틀린 배우처럼 바로,
아까와 똑같은 톤으로—

아라
"아라 씨 입술은 최상급⋯⋯

C# 42

42) 38) 연결. 젊은 범모 입 모양도 수정되었다.

아라
(소리)
최상급 아키모토 습자지보다
부드럽습니다."

C# 43

43) 39) 연결. 슬쩍 제 입술을 만져 보는 만수,
오류가 바로잡혀 속 시원할 뿐 아니라 그럴싸한
비유라 입가에 미소가 돈다.

C# 44

44) 41) 연결. 아라, 미소.

C# 45

45) 40) **연결.** [레드페퍼 페이퍼]로부터 아무 연락이 없었다는 사실을 확인한 범모, 착잡하다. 닭다리를 뜯는다, 기름이 턱을 타고 떨어진다.

C# 46

46) 44) **연결.** 그 꼴을 보고 있자니 아라는 기분을 잡친다. 생각의 연쇄를 따라가다 혼자 괜히 열이 오른다. 벌떡 일어나 앉는다.
카메라 후진 / 틸트업ㅡ

아라
종이, 종이, 그놈의 종이!
아빠가 카페 차려 준다고 그렇게 말해도
그저 종이 아니면 안 된다고!

C# 47

47) 45) **연결.** 듣는 범모.

아라
(소리)
재취업해 봤자 끽해야
육칠 년 다니면 정년인데 그담엔?
백세시대에, 엉?
당신 그 좋은 오디오 갖다 놓고, 응?
음악카페 내면 더 벌 수 있다고!

C# 48

48) 범모 시점 아라.
아라
요즘 내가 어떤 줄 알아?

C# 49

49) 만수 시점 아라.

아라
미친년처럼 울-부짖으면서
이 산 저 산 막 뛰어다니고 싶어!
나도 너네 그 잘난 제지 기계하고 똑같아.
방치하면 고장 난다고! 듣구 있냐?
니 마누라 고장 났어,
빨리 니 그 윤활유 가져와서
듬뿍 뿌려 달란 말야!
안 그러면 너 내가 박박 찢어 버릴 거야,
습자지처럼!

C# 50

50) 43) 연결. 만수, '방치하면 고장 난다'는
대목에서 뒤통수를 세게 얻어맞는 기분이다.
남 얘기 같지가 않다.

C# 51

51) 만수 시점 범모.

범모
내가 종이밥 먹은 지 이십오 년이야, 여보‥‥
난 이렇게 살게 돼 있어, 어쩔 수가 없어.
종이 너무 미워하지 마.
당신도 내가 종이 만들어서 번 돈으로
먹고살았잖아.

C# 52

52) 아라 시점 범모.

범모
그 돈두 내가 만든 종이로 만들구
너 피우는 담배 필터 그것두 종이야.
(불현듯 깨달음)
"우리가 종이를 안 쓰면 누가 쓸까요?"

C# 53

53) 46) 연결.

아라
뭐?

C# 54

54) **52) 연결.** 허둥지둥 일어서는 범모.

범모
문자나 메일로 통지할 리가 없잖아.
아…… 우편함! 우편함!

C# 55

55) 정신 나간 사람처럼 서둘러 집으로 향하는 범모.

카메라 후진—

만수가 프레임인된다.
범모, 만수 앞을 지난다.
쫓아가고 싶지만 아라 때문에
꼼짝 못 하는 만수.

C# 56

56) 53) 연결. 벌떡 일어서는 아라.
카메라, 틸트업－

아라
어우, 이 새끼야! 인제 다 끝이야!
이 비실비실 새끼야! 습자지 같은 새끼야!

손에 잡히는 대로 돌멩이를 주워 던지면서 울분을
마구 쏟아 낸다.

C# 57

57) 등짝에 두 번 돌을 맞는 범모, 어쿠 어쿠
아파하면서도 웅크린 자세로 계속 뛰어간다.

C# 1-1

1-1) 앞뒤로 크게 오가면서 그네를 타던 미리.

> 미리
> 리원아·····

휙 날아 멋지게 착지한다. (대역)

> 미리
> 리원아!

걸어가는 중에 개집에 의해 가려진다.
트래킹ㅡ

> 미리
> 너 좋아하는 '포카' 있잖아.

다시 나타나는 (배우) 미리, 결심한 표정으로
개집을 향해 척척 걸어간다.

> 미리
> 요번 주말에·····

개집 앞에 아빠다리를 하고 앉는 미리,
말하는 동안 카메라 전진.

| 낮 | O | 14:00 | 만수 집 마당 |

리원에게 첼로 연주를 부탁하는 미리

C# 1-2

1-2)

미리

엄마 아빠 춤추러 갈 때

C# 2

2) 미리 시점 – 개집 안에 웅크려 종이접기를
하는 리원.

미리

(소리)

그렇게 변신할 거다?

용케 눈을 들어 관심을 보인다.
옆에는 이미 접어 놓은 종이 동물이 30마리.

C# 3

3) 들여다보는 미리.

미리

우리가 포카가 돼서 리원이 방에 찾아가면
연주 좀 들려줄래? 너 관객 앞에서
연습도 해 봐야 돼, 크리스마스에 공연하려면.

4) **1)연결.** 새로 접은 종이 동물을 엄마에게 주는 리원.

미리

어머!

C# 4

종이 동물을 받는 미리.

미리

엄마한테 강아지 주는 거야?
고마워! 이거 시투?

감동받아 미소 짓는 미리.

196

C# 5

5)　　B 카메라 – 종이 동물 클로즈업.

C# 6

6)　　**2) 연결.** 이번에는 다른 색깔 종이로 리투를
접기 시작하는 리원.
　　　　　　　　　　리원
　　리투는 동호 오빠 꺼.

C# 7

7)　　**3) 연결.**
　　　　　　　　미리
　　동호? 시원 오빠 아니구?

낮 | L | 14:05 | 범모 집 뒷동산

뱀에 물린 만수를 도와주는 아라

C# 1

1) 혼자 식식대는 아라, 소책자를 들고 중얼중얼
읽으며 천천히 걷는다. 나름의 분노조절법이다.
오스카 와일드의 대사를 연습하는 모양인데,
가뜩이나 번역투 문장에 구식으로 매우 과장된 연기다.

C# 2

2) 지팡이에 놀라 달아나는 뱀. 몇 걸음 더 걷는 아라.

만수
(소리)
아!

뒤에서 비명 흘리더니 만수가 비탈을 굴러떨어진다.

C# 3

3) 돌아보는 아라, 방어하려고 지팡이를 치켜든다.

C# 4

4) 2) 연결.

만수
뱀 씨팔새끼!

만수가 소리지르며 넘어지니까 도와주러
달려오는 아라, 침착하게 그의 왼 다리의 바지를
걷어 올린다.

C# 5

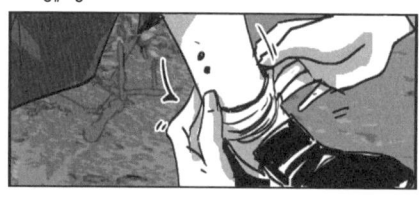

5) 양말을 내려 상처를 드러내는 아라.

C# 6

6)

아라
무슨 색이었죠?
머리가 삼각형이던가요?

C# 7-1

7-1) 너무 놀란 나머지 답도 못 하고
어버버거리는 만수.

C# 7-2

7-2) 아라, 만수의 넥타이를 푼다.

C# 8

8) 6) 연결.

아라
그럼 살모산데. 어미도 죽인다는.
아니면 무늬가 흑백이었어요?

허벅지를 넥타이로 묶는 아라.

아라
그럼 칠보산데.
물리면 일곱 걸음 전에 죽는다는.

C# 9

9) 7) 연결.

만수
(얼굴이 하얘져)
방울 소리도 들은 거 같아요.

C# 10-1

10-1) 8) 연결. 만수의 발을 치켜들며―

아라
물린 데가 심장보다 위에 있어야 돼요.

그 바람에 상체가 뒤로 넘어가는 만수.

| 낮 | L | 14:05 | 범모 집 뒷동산 |

뱀에 물린 만수를 도와주는 아라

C# 10-2

10-2) 눕는 만수. 과도를 찾으러 가는 아라,
프레임아웃.

아라가 어디 가나, 목을 꺾고 보는 만수.

만수
심장보다 아래 아닌가요?

C# 11

11) 만수 시점 – 비뚤어진 앵글. 라이터 불로
과도 날을 지지면서 소독해 돌아오는 아라.

아라
걱정 말아요, 연극에서 해 봤어요.

C# 12

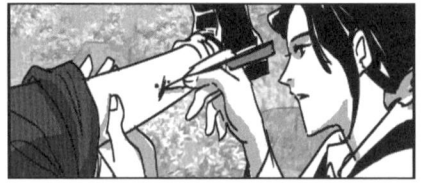

12) 만수의 상처를 X자로 절개한다

C# 13

13) 놀라고 아파 비명 지르는 만수.

C# 14

14) 12) **연결.** 상처에 입을 대고 빠는 아라.

C# 15

15) 13) **연결.** 당황해서 밀쳐 내는 만수.

C# 16

16) 침 뱉는 아라. 만수, 제 발목을 잡아당겨 스스로 빨아 보려 하지만 몸이 충분히 유연하지 못해 낑낑댄다.

다시 침착하게 만수 발목을 잡는 아라.

C# 17

17) 14) 연결.

몸을 굽혀 빠는 일을 재개한다.

카메라가 패닝하면서 만수의 몸을 훑는 동안
쪽쪽 빠는 소리, 퉤 뱉는 소리. 만수, 어정쩡하게 누워
눈만 껌벅거린다.
갑자기 울리는 만수의 전화벨 소리. 전화기 보는 만수.

C# 18

18) 만수 시점. 발신자 − 부인씨.

19) 17) 연결. 놀라서 재빨리 전화를 받는 만수.

C# 19

> 만수
> 어, 내가 지금 뱀에 좀 물려가지구⋯⋯
> 미리
> 뭐?
> 만수
> 독살 수두 있으니까, 이따 전화하께.

끊으면서 아라를 본다.

C# 20

20) 만수 시점 — 열심히 빠는 아라.

C# 21

21) **19) 연결.** 아름다운 여인이 발목을 빨아 주니 불편하고 조금 창피해져서—

만수
입안에 상처라도 있으시면⋯⋯

C# 22-1

22-1) **20) 연결.**

중단하는 아라, 침을 뱉는다.

물로 헹군다.

C# 22-2

22-2) 물 뱉는 아라.

혀를 돌려 입안 구석구석을 점검한다.

아라
매끈매끈해요.

C# 23

23) 21) 연결.

만수
혹시 혀에⋯⋯

C# 24

24) 22) 연결. 아라가 혀를 쑥 내민다, 건강하고
깨끗해 보인다.

C# 25-1

25-1) 23) 연결. 혀를 똑바로 보지도 못한 채
얼굴만 빨개지는 만수.

만수
어려서부터 이상하게 치과하고 뱀은⋯⋯

C# 25-2

25-2) 프레임아웃하는 아라, 지팡이를 가지러 간다.

C# 26

26) 상체를 일으키는 만수.

범모가 두고 간 나무 지팡이를 가져와 수풀에
대고 탁탁 치는 시범.

아라
이렇게 뱀을 쫓으면서 걸어요.

만수, 지팡이를 받는다.

만수
이거 좋은 거 같은데.
아라
남편 놈은 뱀한테 물려 죽으라죠.
치과는 혼자 해결하셔야겠네요.

떠나는 아라.

만수
고맙습니다.

뒷모습을 보는 만수.

C# 27

27) 만수 시점 - 아라 뒷모습.

C# 1

1) 발을 높이 든 채 휴대전화로 검색 중인 만수.

C# 2

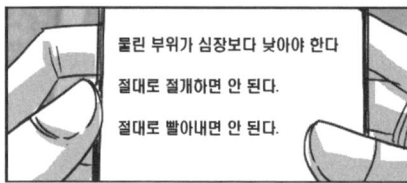

2) 만수 시점 – '물린 부위가 심장보다 낮아야 한다', '절대로 절개하면 안 된다', '절대로 빨아내면 안 된다' 따위의 문장들.

C# 3

3) 어이가 없어 한숨 쉬는 만수.

　　　　　미리
　　　　　(소리)
　　　진짜 병원 안 가도 되겠어?
　　　　　만수
　　괜찮아. 독사면 벌써 죽었지.

C# 4

4) 1) 연결. 헤어드라이어 소리가 멎자 음악을 재생시킨다. 노래가 나온다. 미리가 나온다.

C# 5

5) 반색하는 미리.
　　　　　미리
　　　웬일이래?

C# 6-1

6-1) 4) 연결.

> **미리**
> 댄스파티 말야…… 올핸 안 가는 게 맞겠지?
> 우린 학원도 관뒀고.

눈치를 살피는 미리. 일어나는 만수, 양손을
마주 깍지 끼며 미리 얼굴을 본다.

> **만수**
> 뭔 소리여, 가야지. 연습한 게 얼만데.
> (감동받는 미리. 음악에 몸을 맡기는 두 사람)
> 나한테 녹음해 준 첫 테이프 / 첫 곡이잖아.

FOLLOW

> **미리**
> 에휴…… 노래라곤 김현식, 전인권밖에
> 모르는 인간한테. 사랑에 눈이 멀어서……
> 아~ 난 그때가 젤 예뻤던 거 같아!
> 비록 애 딸린 이혼녀였지만.

이 부부의 오래된 농담이 시작된다.

FOLLOW

> **만수**
> 아, 그런 말 좀 쓰지 마……
> **미리**
> 물론 월급은 내가 더 많았지만.
> **만수**
> 뭐야…… 내가 너 월급 보고 프로포즈 했단 거?
> **미리**
> 또 알어? 게다가 난 대졸이니까.
> **만수**
> 나두 학위 땄거든.
> **미리**
> 그땐 아니었거든.
> **만수**
> 야 치사하다, 치사해. 나 안 해!

토라진 척하며 양손을 놓는 만수. 씩 웃는 미리,
만수 허리에 팔을 두르고 안으며—

> **미리**
> 공장 다니면서 방통대 수업까지 듣는다고
> 안 놀아 줬잖아, 나하고.
> 내가 얼마나 너하고 있고 싶었는데.
> 미안했다고 말해, 빨리.

C# 6-2

6-2) 만수, 미리를 꽉 끌어안는다. 다급하다는 듯ㅡ
만수
맞아, 그러니까 지금이라도 놀자.
그런 말 할 시간에 열 배로 놀자!
미리
이그…… 시원이한테 언제 말하지?
만수
뭘 말을 해……
미리
애 속이는 거 싫단 말야.
말하기로 했잖아, 면도할 때 되면.
만수
말을 꼭 해야 돼?
두 살 때부터 아빠데 내가 아빠지……
아 몰라몰라, 얘기할 때 하더라도
꼭 나하구 같이 해야 돼, 알았지?

C# 7

7) 남편이 귀여워서 그만 키스해 버리는 미리.

C# 8

8) 키스.

C# 9

9) 7)연결. 키스.

C# 10

10) 8) **연결**. 입술을 조금만 떼고 말하는 만수.

만수
미리야, 미안해.
당신도 윤활유가 필요할 텐데 내가 너무⋯⋯

C# 11

11) 9) **연결**. 눈살을 찌푸리는 미리. 춤 멈춘다.
미리, 몸을 뗀다.

C# 12

12) 손까지 놓고 한 걸음 멀어지는 미리.

미리
뭔 윤활유?
만수
응? 아니, 그게 아니라⋯⋯
내가 요즘 면접에 정신이 팔려서⋯⋯

말 나온 김에 속에 있던 말을 꺼내는 미리.

미리
꼭 제지 공장이어야 돼? 딴 일 찾으면 안 돼?
만수
(괜히 저 혼자 욱해서)
뭐, 카페 같은 거?
미리
뭔 카페?
만수
내가 종이밥 먹은 지 이십오 년이야, 여보.
난 이렇게 살게 돼 있어. 생각해 봐,
살모사한테 뽕잎 먹고 살라고 해, 안 해?
살모사는 엄마를 먹고 살게 돼 있다고.

흥분한 남편을 물끄러미 보는 미리.

C# 13

13) 물끄러미 보다가 남편을 달래 주기로 마음
먹는다.

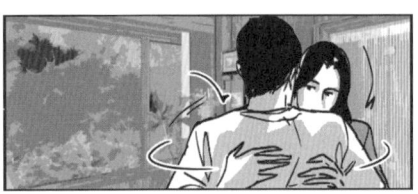

다가와 안고 춤을 재개하는 미리, 누그러지는 만수.

미리
그렇군요, 반장님.
(만수의 양손을 잡으며)
반장님 춤 좀 추시네요?
만수
나만 따라와, 나만.

미리
어쭈? 의상까지 입으면 쫌 멋있을 수도?
만수
우리 의상 뭔데?

고개 젓는 미리. 내려다보는 만수 시선 따라
카메라 붐다운—

미리의 가운 허리띠를 푸는 만수의 손.

| 낮 | S | 08:10 | 식당 |

남편의 면접을 응원하는 미리, 아내가 진호의 차를 타고 출근한다는 소식에 예감이 안 좋은 만수

C# 1

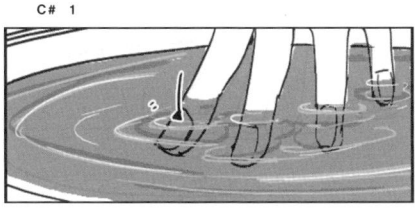

1)   대야에 담긴 물에 리원의 손가락을 담가 적셔 주는 만수.

C# 2

2)   (첼로 연습 때문에 생긴) 리원의 왼손 손가락 끝의 굳은살을 손톱 줄로 갈아 주는 만수.

C# 3

3)   아빠가 굳은살 갈아 주는 동안 오른손으로 시리얼 먹는 리원. 넥타이 들고 계단을 뛰어내려 오는 미리, 원피스 허리끈을 꼬리처럼 질질 매달았다.

장난스레 시원의 머리를 헝클어뜨리면서 오는 미리.

남편 허벅지에 올라앉아 칙칙한 넥타이를 푼다.

미리
최고의 면접이 될 거야, 다 죽여 버려.

C# 4

4) 만수의 자신 없는 표정.

만수
오케이, 다 죽었어!

C# 5

5) 미리, 멋진 녹색 넥타이를 새로 매 주며—

미리
그린 라이트!

C# 6

6) **4) 연결.** 아이들 눈치를 보는 만수.

C# 7

7) 미리 치마에 손 넣는 만수. 밀어내는 미리의 손.

C# 8

8) 전화가 진동하자 문자 확인하고 일어서는 미리.

미리
오늘부터 오 선생이 출근길에
픽업해 주기로 했거든.

만수, 예감이 안 좋다.

C# 9

9) 서둘러 남편 이마에 입 맞추는 미리.

허리끈을 묶고 핸드백을 챙기는 미리,
프레임아웃한다.

미리를 보면서 넥타이 매듭을 조이는 만수를
향해 카메라 전진.

C# 1

1) 머리를 옆으로 기울인 만수, 치통을 진정시키느라 어깨에 얼음 생수병을 끼고 운전한다.

C# 2

2) **씬38**의 장소를 달리는 아반떼. 트럭들과 먼지.

C# 1

1) 어제와 같은 자리에 주차된 아반떼,
조금씩 흔들린다.

C# 2

2) 앞유리 반사 때문에 잘 보이지는 않지만
안에서 가슴 장화 신는 만수.

C# 3

3) 글러브박스에 제 스마트폰을 넣는다.
새로 장만한 폴더폰이 이미 그 안에 들어 있다.

C# 4

4) **연결.** 차 문 열고 내리는 만수.
오른손에는 오븐용 장갑을 꼈는데 이상하리만치
거대하고 속이 꽉 찼다.
왼손에는 아라가 준 지팡이.

뒷동산을 오르는 만수.
출근하는 노동자 같다. 단풍 든 산에서 보호색인 양
스며든다.

C# 1

1)   집에 접근하는 만수.

C# 2

2)   감시카메라 너머 만수, 프레임인했다가
다시 아웃.

C# 3

3)   **1) 연결.** 게걸음하는 만수.

C# 4

4)   창을 당겨 여는 만수.

C# 1

1)   계단 뒤에서 만수가 등장, 계단을 오른다.

복도 반쯤 가다 남녀의 교성을 듣고 포기,
몸을 돌린다.

계단 한 칸 내려왔을 때 호기심을 못 이기고 돌아간다.
침실로 갈 때 카메라 수평 트래킹/패닝 −

살짝 열린 침실 문 앞에 쪼그리고 앉아
들여다보는 만수.

| 낮 | L | 14:37 | 침실 |

정사 중인 아라와 준오를 발견하는 만수, 괜한 배신감이 든다

C# 1

1) 살짝 열린 문틈으로 나타나는 만수.

C# 2

2) 만수 시점 – 의자 등받이에 걸린 라이더 가죽 점퍼.
틸트업 / 초점 이동하면 –

정사 중인 한 쌍, 어떤 남자의 뒷모습과 누운
여자의 팔다리. 근육질 남자의 등에 커다란
모터바이크 문신이 있다.

C# 3

3) 더 이상 보기 싫어 돌아앉는 만수,
난간에 기대 식식거린다. 괜한 배신감에 기분 상했다.

준오
(소리)
역시 누나 침대에서 하니까 좋네요.
찌그덕거리지도 않고요.
아라
(소리)
아 쫌…… 반말!

소리를 들으며 어딘가를 올려다보는 만수.

C# 4

4) 만수 시점 – 벽에 액자들.

준오
(소리)
남편 보고 금주 모임, 그거····

C# 5

5) 액자 클로즈업. [종이의 날] 기념식 스냅사진
속 범모는 한 손엔 트로피, 다른 손엔 칵테일잔을
들고 카메라를 향해 웃고 있다.
만수가 가까이 오면서 액자 유리에 반사된다.

만수 얼굴로 초점 이동.

준오
(소리)
····절대 끊지 말라고 해.
아주 좋은 거 같어.
아라
(소리)
그럼그럼···· 아, 준오야···· 준오야!

C# 1

1)   뒷동산에서 내려오는 만수, 찻길을 건너면서
신경질적으로 가슴 장화의 어깨끈을 내린다.
물러나면서 만수를 데려오는 카메라····

패닝해서－

차에 타는 만수를 본다.

C# 2

2)   B 카메라 － 운전석에 문 열고 앉아
가슴 장화를 벗는 만수.

C# 1

1) 차에 리깅된 카메라. 코너를 도는 만수 차.
고개 돌려 범모 집을 보는 만수.

C# 2

2) 만수 시점 – 범모 집 앞을 지난다.

C# 3

3) 만수, 다시 앞을 본다.

C# 4

4) 만수 시점 – 마주 오는 차 한 대가····

가까워진다.

낮 | L | 15:15 / 15:45 | 만수 차 / 범모 집 앞

범모가 아내의 외도를 목격하지 못하도록 시간을 끌지만 실패하는 만수

C# 5

5)   3) 연결. 마주 오는 차를 보는 만수, 당황한다.

C# 6

6)   4) 연결. 운전자는 범모다. 엇갈려 지나간다.

C# 7-1

7-1)   5) 연결. 뒤돌아보는 만수.

다시 앞을 보며 —

                    만수
          안 되 는데⋯⋯

브레이크를 밟는다.

돌아보는 만수. 뒤창 너머로 범모 차가 멀어진다.

C# 7-2

7-2) 다시 제 앞을 보는 만수, 짧은 고민.

C# 8

8) 한 번에 유턴이 안 되는 폭의 길이다. 후진했다가⋯

다시 전진, 카메라 옆으로 스쳐 프레임아웃한다.

C# 9

9) 만수 차가 다가온다.

나무로 가려진 위치에 와서 선다.

C# 10

10) 만수 시점 – 주차하려고 후진하는 범모 차가 언뜻 보인다.

차고로 들어간다.

C# 11

11) 범모 차가 시야에서 사라지자 초조해지는 만수, 창을 내려 귀를 기울이면서 대책을 강구한다.
나무들 너머, 주차하는 소리가 들린다.
폴더폰을 꺼내 드는 만수, 범모의 이력서를 꺼내 전화번호를 찾는다.
다시 범모 집 쪽을 본다.

C# 12

12) 만수 시점 – 2층 부부 침실 창에서 틸트다운 –

차문 여닫는 소리에 이어 집으로 향한 계단으로 걸어가는 범모가 나타난다.
계단 벽에 가려 또 안 보인다.

C# 13

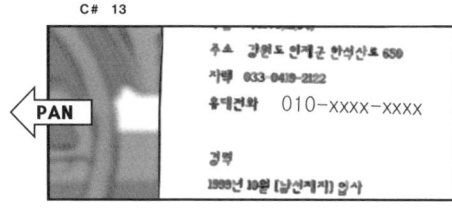

13) 범모 이력서에서 폴더폰으로 패닝 –

만수, 다급히 이력서에 적힌 번호로 전화를 건다.

C# 14

14) 하차하면서 전화 거는 만수, 현관이 보이는
위치로 뛰어간다.

C# 15

15) 계단을 올라 나타나는 범모, 걸음을 멈춘다.
내려다보면서 고개를 갸웃거리다가 전화를 받는다.

16) 범모가 '여보세요?' 할 시간도 안 주는 만수,
다짜고짜―

C# 16

> **만수**
> 구범모 씨죠?
> 안녕하세요, [레드페퍼 페이퍼] 인사팀입니다.

17) 15) 연결.

> **범모**
> 아! 예~

다시 집을 향해 걷기 시작하는 범모, 도어록에 손을
뻗는다.

C# 17

18) 16) 연결.

> **만수**
> 안 돼요!
> **범모**
> (소리)
> 예?
> **만수**
> 예, 뭐라구요? 아, 잘 안 들리네요.

C# 18

19) 17) 연결.

> **범모**
> 어, 전 잘 들리는데요.
> **만수**
> (소리)
> 점점 감이 나빠지는데,
> 첨 받으셨던 위치에선 잘 들렸거든요?

계단을 내려가는 범모.

C# 19

> **범모**
> 아, 예예. 글루 가고 있는데⋯⋯
> **만수**
> (소리)
> 아, 스돕! 거기 딱 좋네요!

C# 20

20) 좌우를 둘러보는 범모.

> **범모**
> 여기가 젤 잘 들린다고요?
> (갸우뚱)
> 어허⋯⋯
>
> **만수**
> (소리)
> 네, 잘 들리네요.
> 혹시 지금 민산시 단현면에 댁에 계신가요?
>
> **범모**
> 예, 그런데요?

C# 21

21) 18) 연결.

> **만수**
> 저희 사장님이 만나고 싶어 하셔서요.
> 구범모 씨를 너무 궁금해하시네요, 하하⋯⋯

C# 22

22) 만수 시점 – 망원렌즈. 너무 좋아하는 티를
안 내려고 억제하는 범모.

> **범모**
> 아, 예⋯⋯
>
> **만수**
> (소리)
> 근데 사장님이 다섯 시 비행기로
> 취리히로 돌아가시거든요.
> 죄송하지만 지금 민산에서 출발하시면
> 시간 맞출 수 있을 것 같긴 한데⋯⋯
>
> **범모**
> 지금이요?

C# 23

23) 21) 연결.

> **만수**
> 아무래도 무리시죠?
> 그럼 이번엔 안 되겠다고 사장님께 제가 잘⋯⋯

C# 24-1

24-1) 20) 연결.

> **범모**
> 아, 아니요, 아니요. 가면 되죠,
> 뭐. 가야죠! 갈 수 있습니다.

신이 나서 계단을 내려가는 범모. 카메라 후진–

범모가 아내의 외도를 목격하지 못하도록 시간을 끌지만 실패하는 만수

C# 24-2

24-2) 범모, 차에 타려고 한다.

C# 25

25)　23) **연결.** 만수, 만면에 미소. 카메라 전진ㅡ

　　　　　　　만수
　　　　　　（진심으로 좋아서）
　　　　오! 잘 됐네요, 다행이에요.
　　　그럼 저희 사무실 주소는 문자로
　　　　　　보내 드릴 테니까

안심하고 뒤돌아 가는 만수, 프레임아웃한다.

　　　　　　　만수
　　　　지금 바로 출발해 주세요.

C# 26

26)　24) **연결.** 차 문을 연 채로 동작을 멈추는 범모,
옷차림이 너무 후줄근하다고 생각한다.

　　　　　　　범모
　　　　　그럼요 그럼요,
　　　옷만 금방 갈아입고 출발합니다.

문 쾅 닫는 범모‥‥

다시 계단을 오른다.

　　　　　　　범모
　　　　　문자 주세요.

C# 27

27)　25) **연결.** 황급히 제자리로 돌아오는 만수,
프레임인한다.

만수

안 돼요! 그 옷도 괜찮····

통화 끊어진다.

C# 28

28)　19) **연결.** 범모, 막 뛰어서 집으로 휙 들어간다.

C# 29

29)　27) **연결.** 망연자실, 입을 딱 벌린 채
얼어붙은 만수.
카메라 후진―

C# 30-1

30-1) 28) **연결.** 카메라 후진―

| 낮 | L | 15:15 / 15:45 | 만수 차 / 범모 집 앞 |

범모가 아내의 외도를 목격하지 못하도록 시간을 끌지만 실패하는 만수

C# 30-2

30-2) 집 전체가 보인다.
계속 후진하면―

숨어서 지켜보는 만수도 보인다.
잠시 고요하다. 바람이 분다.

현관 열리고 범모가 나온다. 옷도 안 갈아입고
취한 사람처럼 비틀비틀 걷다가 무릎에 힘이 풀려
쓰러지는 범모⋯.

숨죽인 채 오른쪽으로 왼쪽으로 데굴데굴 막
굴러다닌다.

C# 31

31) 만수, 안쓰러워 어쩔 줄 몰라 한다.

C# 32

32) 만수 시점 – 일어나 앉은 범모, 진정했다. 옷에 묻은 먼지를 턴다.

C# 33

33) 범모, [레드페퍼 페이퍼]로부터 문자가 왔을 거라는 생각이 든다.

전화기 꺼내 들여다본다.

C# 34

34) 범모 시점 – 전화기 바탕화면에 젊은 시절 부부 사진.

새로 온 메시지가 없다.

낮 | L | 15:15 / 15:45 | **만수 차 / 범모 집 앞**

범모가 아내의 외도를 목격하지 못하도록 시간을 끌지만 실패하는 만수

C# 35

35) 실망하는 범모.

C# 36

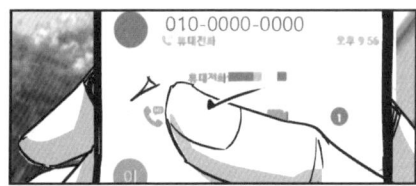

36) **34) 연결.** 아까 전화 받은 번호를 누른다.

C# 37

37) **31) 연결.** 전화기가 진동하자 깜짝 놀라는 만수.

폴더폰이 진동하는 소리를 들으며 괴로운 얼굴로
범모를 본다.

C# 38

38) **32) 연결.** 전화기를 귀에 대고 만수가 받기를
기다리면서 뭐라고 말하는 범모.
우리에게는 들리지 않는다.

C# 39

39) 33) 연결. 만수가 전화 받기를 기다리며
일어서는 범모, 혼잣말하면서 계단으로 간다.
범모를 따라 패닝 —

범모
좀 받아라⋯⋯ 받어, 좀! 쫌! 제발!

C# 40

40) 37) 연결. 만수, 미안하지만 전화를
받아 줄 수 없다.

C# 41

41) 계단 중간에 선 범모, 힘없이 전화를 끊는다.
하늘을 보며 이제 뭘 하나 생각한다. 어딘가로
전화를 건다.

계단에 앉아 전화를 건다. 아무 일도 없다는 듯
자연스럽게 꾸며 —

범모
⋯⋯어어, 잘 지내지? ⋯⋯뭐 해, 바뻐?

| 낮 | L | 15:15 / 15:45 | 만수 차 / 범모 집 앞 |

범모가 아내의 외도를 목격하지 못하도록 시간을 끌지만 실패하는 만수

C# 42

42) 통화 엿들으려고 다가오는 만수.

범모
안 들려? 뭔 소리야,
여기가 젤 잘 터지는 덴데……
들리지? 아니, 내가 무슨 모임에,
취소됐단 공지를 확인 안 하고 갔다가……

C# 43

43)
범모
내가 그렇지, 뭐. 하여튼 허탕 치고
집에 일찍 왔더니 할 일도 없고 좀 심심허네?
마누라? 글쎄, 뭐…… 나갔네?
(기운을 내 일어서며)
한잔 찌끄러 볼까나, 간만에?
……아, 끊었지, 끊었는데 인제 이게 좀
컨트롤이 되더라구. '적당히'가 돼……
그르니까! [명동치킨]서 봐……
어, 일 끝나는 대로 와. 가 있을게.

전화 끊으면서 일어서는 범모, 무표정이 되어 차고
쪽으로 프레임아웃.

C# 44-1

44-1) 차고에서 나오는 범모 차, 프레임아웃한다.
붐업―

만수가 돌멩이를 하나 주워 든다.

범모가 아내의 외도를 목격하지 못하도록 시간을 끌지만 실패하는 만수

C# 44-2

44-2) 만수, 2층 창을 겨누고⋯⋯

냅다 던지고 달아난다. 와장창 소리와 함께
2층 창이 깨지고 얼마 있지 않아⋯⋯

커튼이 슬쩍 열리더니 상체 탈의한 준오가 밖을
내다본다.

C# 45

45) 준오 너머로 아라 얼굴도 빼꼼 나타난다.
떨어진 돌멩이를 줍는 준오, 어리둥절한 남녀.

| 낮 | L | 16:40 | [오진호 치과] |

남편을 기다리는 미리, 선물을 건네는 진호

C# 1

1)   리원의 손, 첼로 케이스의 잠금 장치들을
딸깍딸깍 풀었다 잠갔다…

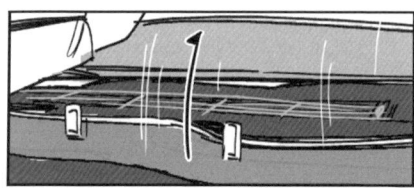

케이스를 열었다 닫았다 한다.

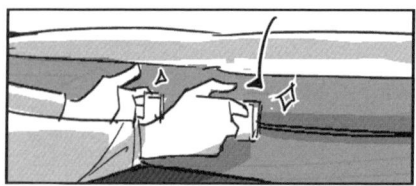

C# 2

2)   근경 – 첼로 케이스 손장난을 무한 반복하는 리원.
중경 – 민지가 퇴근한다.

민지
내일 봬요.

원경 – 창가의 미리, 내다보면서 남편을 초조하게
기다린다. 옆에서 미리를 지켜보는 진호.
미리와 진호 사이에 흐르는 어색한 공기.

C# 3

3) 진호 시점 – 미리를 관찰한다. 시선을
의식하고 돌아본다.

빤히 보는 시선에 무안한 미리, 계속해서 소음을
만드는 리원에게 –
                        미리
        리원아, 안 돼. 자꾸 그러면 고장 나.
        그거 고장 나면 첼로가 갇혀.

리원이 내는 소리가 멈춘다.
미리, 진호의 부드러운 시선을 애써 외면하며
다시 창으로 눈을 돌린다.
                        미리
        데리러 온댔는데, 시원 아빠가……

C# 4

4) 진호가 수줍은 태도로 미리에게 작은 상자를
내민다.
                        미리
        이러지 마요.

상자를 열어 보여 주는 진호.

C# 5

5)   3) **연결.** 저도 모르게 탄성을 발하는 미리.

C# 6

6)   4) **연결.** 깃털 꽂고 구슬 잔뜩 붙인, 비싸 보이는 인디언 머리띠를 꺼내 미리 머리에 씌워 주는 진호.

C# 7

7)   5) **연결.** 잘 어울린다. 자동으로 거울을 보는 미리.

C# 8

8)   벽거울에 비친 미리.

C# 9

9)   1) **연결.** 리원이 다시 첼로 케이스 잠금 장치를 풀었다 잠갔다 하기 시작한다.

C# 10

10) 6)**연결**. 미리, 리원이 내는 소음이 귀에
거슬린다. 머리띠를 벗어 돌려준다.

진호
그렇게나 잘 어울리는데!

한숨 쉬는 진호, 미리 어깨에 다정하게 손을 얹는다.

반사적으로 몸을 빼는 미리, 시계를 보며
더 먼 창으로 가 버린다.
프레임아웃.

따라가는 진호, 화면 밖에서 미리의 전화가 울리자
멈춰 선다.

미리
(소리)
응, 여보.

C# 1

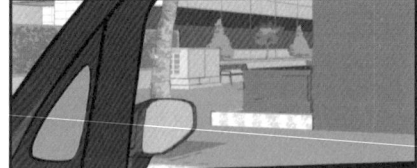

1)   차를 모는 만수의 시점—

미리 모녀와 진호가 길가에 나란히 섰다. 영락없이 한 식구로 보인다. 정차. 좌향 패닝.

우회전해서 주차장으로 들어가는 만수.

차 도착.

C# 2-1

2-1)   진호가 뒷문부터 열어 첼로 먼저 싣고 빠진다.

C# 2-2

2-2)　리원을 태우는 미리, 안전벨트를 채워 준다.

C# 3

3)　　가죽점퍼를 입은 꼴이 준오를 연상시키는
이 젊은이가 보자마자 맘에 안 드는 만수.

C# 4

4)　　조수석 문 여는 미리, 눈살을 찌푸린다.

틸트다운하면 치킨 상자, 더러운 종이 냅킨,
기름에 젖은 포장지, 닭 뼈 한 무더기.

C# 5

5)　　3) 연결. 미리를 보는 만수.

| 낮 | L | 16:55 | **[오진호 치과] 앞 / 만수 차** |

미리와 리원을 픽업하는 만수, 진호를 보자 준오가 연상돼 언짢다

C# 6

6) 입술 주위가 닭기름으로 번들번들한 만수.

C# 7

7) 만수와 치킨을 번갈아 째려보는 미리,
쓰레기를 치우며 차에 탄다.

뒤에 나타나는 진호, 쓰레기를 채 간다.

진호

내가 버릴게요.

문 닫는 미리, 미안해하는 척을 약간밖에 안 한다.

C# 8

8) 5) 연결. 둘의 관계가 이상하다고 생각하는
만수, 미리를 유심히 본다.
뒤로 나타나는 진호. 흠칫 놀라는 만수.

진호

인사하고 싶어서 기다렸어요, 오진홉니다.

진호를 봤다가 미리를 봤다가 하는 만수.

진호

치통이 심하시다고요. 한번 들르세요⋯⋯
창 좀 열어 보시겠어요?

창 내리라는 동작을 하는 진호.

C# 9

9) 만수, 끝내 창을 안 열고 큰소리로—

　　　　　　만수
괜찮아요⋯⋯ 완전 괜찮아요, 오준오 씨.

이름을 잘못 말하는 남편을 쏘아보는 미리,
진호 쪽으로 상체를 기울인다.

　　　　　　미리
고마워요, 오진호 선생님.
　　　　　　만수
(진호에게 여유 있는 미소를 보이며)
　　　　　고마워요.

미리, 자세를 바로 한다.

C# 10

10) 8)연결. 미소 지으며 한마디 더 하려고 하는
진호.

C# 11

11) 9)연결. 출발하려고 기어를 옮기고
액셀러레이터를 밟는 만수. 귀에 거슬리는 부아앙 소리.
만수, 기어를 내려다본다.

C# 12

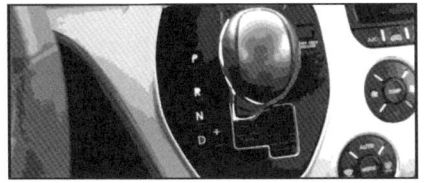

12) N에 가 있는 기어. 부아앙 소리.

C# 13

13) 깜짝 놀라 인상 찌푸리는 리원, 귀를 막고
소리친다.

리원

부아앙!

C# 14

14) 11) **연결.** 수치심에 얼굴이 새빨개지는 만수,
알아들을 수 없는 혼잣말을 웅얼거리며 기어를
바꾼다. 후진하는 차, 프레임아웃.

C# 15

15) 혼자 남은 진호, 차를 본다. 무서운 속도로
사라지는 아반떼.

16) 큰길로 나와 속도를 줄이는 만수. 리원이는
계속 "부아앙!"

C# 16

미리

리원아, 이제 괜찮아. 아빠가 잘못해서 그래.

리원이 잠잠해지자 미리, 만수를 돌아보며 별일
아닌 척 가볍게─

미리

늦었네?

만수

의사가 어리다? 연하네?

미리

연하? 누구보다?

만수

저 남자한테 내 얘기 좀 안 하면 좋겠어.

입을 꾹 다문 채 앞만 보고 운전하는 만수,
토라진 모양이다. 기막혀 허탈하게 웃는 미리.
조용필 [고추잠자리] 시작.

SETUP 1 | 치통을 참아 가며 계획을 수행하는 만수

C# 1

1) 치통을 느끼고 신음하는 만수,
가슴 장화 어깨끈을 올린다.
우향 트래킹—

화면 중앙에 만수, 하차하려고 문 연다.

C# 1

1) 문이 슬그머니 열리고 만수 얼굴이 드러난다.
들어와 선다.

C# 1

1) 낙엽들 사이로 기어 오는 뱀, 카메라를 덮치듯.

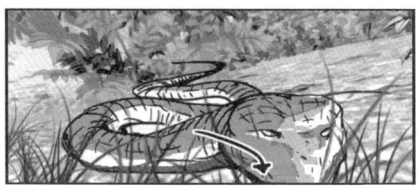

C# 2

2) 로우앵글로 아라, 뱀의 기척을 느끼고
한 발 물러서면서 지팡이로 때리려고 팔을 치켜든다.
지팡이가 없다는 사실을 깨닫는다.
카메라 붐업해서 아이레벨로.

카메라 전진.

아라, 몸을 돌린다.

C# 1

1) 만수 시점 – 조용필 노래를 감상하느라 눈 감고 안락의자에 눕다시피 늘어진 범모.

C# 2

2) 이 가련한 무방비 상태의 사내를 내려다보는 만수. 축 늘어진 범모의 팔 너머로 만수.

오브 장갑 낀 만수의 오른손으로 줌인.

C# 1

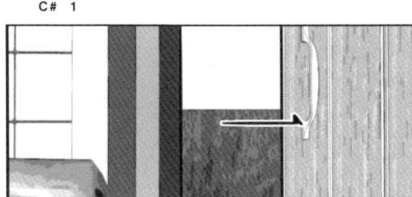

1) 문 열고 들어오는 아라.

우산꽂이에서 지팡이를 찾아 든다.

도로 나가려다 멈추는 아라. [고추잠자리]가
갑자기 천둥 같은 크기로 올라갔기 때문이다.

돌아보는 아라.

C# 2

2) 2층을 보는 아라.

C# 1

1) 눈 끔뻑거리는 범모, 지금 보고 있는 광경을
이해 못 한다.

C# 2

2) 범모 시점 – 만수, 카메라를 보고 있다.

볼륨 노브에서 손을 떼면서 허리를 펴는 만수.

C# 3

3) 1) **연결.** 카메라 후진 –

C# 4

4)　　2)연결. 오븐 장갑 낀 오른손을 내미는 만수.

C# 5

5)　　3)연결. 범모, 뭐라고 말을 하지만 음악이
시끄러워 안 들린다.

C# 6

6)　　4)연결. (상상선을 넘어) 한 걸음 다가오는
만수, 찌푸리며 고개 돌려 한 귀를 범모 쪽으로 향한다.

C# 7

7)　　5)연결. 소리 지르는 범모.

범모
그래, 우리 둘이 같은 하늘 아래 살 순 없겠지.

C# 8

8)　　6)연결. 그제야 알아듣는 만수, 그러나 무슨
뜻인지 이해가 안 돼 고개를 갸우뚱한다.

C# 9

9)　두 발짝 거리에 멈춰 선 만수의 거대한 오른손을 노려보는 범모.

C# 10

10)　오븐 장갑 낀 오른 주먹을 내밀고 있는 만수.

C# 11

11)　9) **연결**. 범모, 저도 모르게 오른 주먹을 마주 내밀게 된다.

　　　　　　　범모
　　　　결판이라도 내게?

C# 12

12)　10) **연결**. 만수, 가우뚱.

C# 13

13)

　　　　　　　범모
　　　당신이 이러는 거 아라도 아나,
　　　　신인 배우 이준오 씨?

엄청난 볼륨으로 울려 퍼지는 노랫소리를 이기려고 악을 쓰는 두 남자. 이후 대사는 자막 처리.

낮 | S | 17:00 / 17:10 | 음악감상실 / 복도

범모를 죽이려 하지만 아라의 개입으로 실패하는 만수

C# 14

14)　12) 연결.

만수
뭐?

자기가 아라 애인으로 오인받았다는 사실을
깨닫는 만수.

C# 15

15)　11) 연결. 범모, 만수의 오븐 장갑을 가리키며 ―

범모
요리하다 생각해 보니 막 갑자기
아라를 독차지하고 싶어졌어?

C# 16

16)　14) 연결. 범모 장단에 맞추기로 결심하는 만수,
엄지장갑들을 차례로 벗는다.
오븐 장갑 안에 스키 장갑.

C# 17-1

17-1) 13) 연결. 카메라 전진 ―

스키 장갑, 또 그 안에 산타 장갑을 벗으니….

C# 17-2

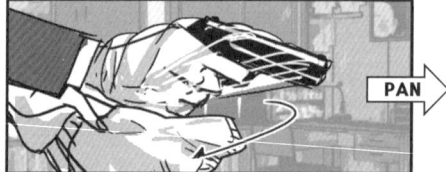

17-2) 권총까지 손 전체를 비닐 랩으로
둘둘 말아 감쌌다.
패닝 —

권총을 만나자 허허 웃는 범모, 이 상황을 현실로
받아들이지 못하는가 보다.

C# 18

18) 아라 시점 – 안락의자에 똑바로 앉은 범모,
그 앞에 선 남자의 비스듬한 뒷모습.
아라는 만수의 권총을 못 봤다.

C# 19

19) 16) 연결. 만수에서 뒤쪽 문틈으로 줌인 —

놀라고 겁에 질린 얼굴로 남편을 보는 아라.

SETUP 29 범모를 죽이려 하지만 아라의 개입으로 실패하는 만수

C# 20

20) 아라의 표정을 보고 이 사내가 아내와 짜고 벌이는 짓이 아니라는 사실을 알아채는 범모.

C# 21

21) **19) 연결.** 아라, 주위를 둘러보더니 복도로 사라진다.

C# 22

22) **20) 연결.** 만수를 바라보는 범모.

C# 23

23) 복도로 나온 아라, 몇 계단 내려가더니 아래 장식장으로 몸을 쭉 뻗어 트로피를 집어 든다.

C# 24-1

24-1) 비닐 랩까지 풀어 장갑과 함께 주머니에 쑤셔 넣는 만수.

만수
미안한데 당신이 사라져야 내가 살아.

C# 24-2

24-2) 머뭇거리는 사이 아라가 돌아온다.
종이를 둘둘 만 모양을 한 트로피를 들고 만수 뒤로
살금살금 다가온다.
만수, 범모에게 총을 겨눈다.

C# 25

25) 범모 얼굴에 겨눠져 있는 총.
좌향 트래킹—

만수 뒤로 거리를 재는 아라의 트로피.

아라, 한껏 뻗은 팔을 천천히 움직여 거리를 재 본다.
트로피 끝이 만수 뒤통수를 거의 스친다.

C# 26-1

26-1) 아라, 한 걸음 전진, 이제 타격 범위 안에
들어왔다. 자신감을 얻는 범모.
큰 스윙을 위해 트로피 든 팔을 뒤로 뻗는 아라.
트로피를 든 아라에서 만수 너머 범모까지
카메라 전진—

C# 26-2

26-2)
범모
까불지 마, 아라가 사랑하는 남잔 나야.

C# 27

27) 멈칫하는 아라.
카메라 후진－

만수, 프레임인된다.
주제 파악 못 하는 범모의 미련함이 괜히 더
거슬리고 헛웃음이 난다. 안 그래도 방아쇠 당기는
일을 어떻게든 미루고 싶었다.
아라는 아라대로 남편의 미련함에 헛웃음.

만수
확실해?

카메라, 멈추지 않고 계속 후진－

범모 뒷모습 프레임인된다.

C# 28

28) 26) 연결.
범모
왜, 실업자는 사랑도 못 하나?

259

C# 29

29) **27) 연결.** 만수, 범모가 너무 자기 같아서 혐오스럽다. 답답해서 총 든 손을 허공에 휘둘러 가며 힘겹게 한마디 한마디—

> **만수**
> 그건 아니지! 분명히 그건 아닌데,
> 넌…… 으음, 넌……
> (적당한 표현을 찾는 데 애를 먹다가)
> 아내의 합리적인 제안에
> 귀를 기울이지 않잖아!

C# 30

30) 듣는 아라.

> **만수**
> (소리)
> 음악 카페가 어때서, 엉?

C# 31

31) 무슨 큰 충격을 받은 양 입을 쩍 벌리면서 눈물을 또르르 흘리는 범모.

> **범모**
> 아라가 너한테 그런 얘기까지 해?

C# 32

32) 범모의 눈물에 당황하는 만수, 범모가 더 꼴 보기 싫고 더 화가 난다.

C# 33

33) **30) 연결.** 아라는 이 이상하게 흘러가는 상황에 흥미가 생긴다.

| 낮 | S | 17:00 / 17:10 | 음악감상실 / 복도 |

범모를 죽이려 하지만 아라의 개입으로 실패하는 만수

C# 34

34) 32) 연결. 화내는 만수.

> 만수
> 돈을 못 벌면 집이라도 팔아!

C# 35

35) 33) 연결.

> 만수
> (소리)
> 마트 가서 짐이라도 날라!

제가 하고 싶은 말을 대신 해 줘서 너무나 후련한 아라,
격하게 끄덕끄덕. 트로피 쥔 손을 내리는 아라,
생각이 많아졌다.

C# 36

36) 31) 연결.

> 범모
> 난 기술자야! 전문가!
> 집은 아라 꺼라서 못 팔고
> 짐은 허리 아파서 못 날라!

C# 37

37) 35) 연결.

> 아라
> 자랑이냐?

C# 38

38) 아라 소리에 고개 돌리는 만수, 멍하니 본다.

낮 | S | 17:00 / 17:10 | 음악감상실 / 복도

범모를 죽이려 하지만 아라의 개입으로 실패하는 만수

C# 39

39) **37) 연결.** 아라 시선이 범모에서 만수로 이동.

C# 40

40) **29) 연결.** 아라를 멍하니 보고 있다가 저도 모르게 방아쇠를 당기는 만수.

C# 41

41) **36) 연결.** 총알이 범모 어깨에 박힌다.

C# 42-1

42-1) 40) 연결. 잠시 침묵. 범모를 내려다보며 어쩔 줄 몰라 하는 만수.

아라
눈치를 깠으면 깠다고 말을 왜 안 해!

만수, 아라를 돌아본다.
아라, 괴성을 지르며 트로피를 휘두른다.
금속 막대기에 왼쪽 관자놀이를 맞는 만수, 총을 떨어뜨리고….

C# 42-2

42-2) 비틀거리며 휘청인다.

C# 43

43)　아라, 바닥에 떨어진 권총을 집으러 온다.
만수도 몸을 던진다.
이후 모든 숏 핸드헬드 카메라로.

만수가 아라의 다리를 잡고 끌어당기자
총으로부터 멀어지는 아라의 손.

둘이 엎치락뒤치락하는 동안⋯.

프레임인하는 범모, 총을 집어 든다.

C# 44

44) 바닥에 주저앉아 총을 겨누는 범모.

범모
말을 하면? 니가 돌아와?

C# 45

45) 엉킨 상태에서 얼어붙은 만수와 아라,
범모를 본다. 아라가 만수 몸에 올라타서 목을 조르던
중이었다.

C# 46

46) **44) 연결**. 총 겨누고 부들부들 떠는 범모.

C# 47

47) 부부가 서로 노려보는 틈을 타, 누운 채로
아라를 양발로 힘껏 미는 만수.
패닝 —

아라, 뒤로 넘어가면서 범모와 부딪힌다.
총상 입은 부위에 아라 몸이 부딪힌다.
총이 또 날아간다.
(아라, 스턴트 더블)

C# 48

48) 총상 부위를 부여잡고 고통에 몸부림치는 범모.
고개 돌려 권총을 찾는 아라.

아라, 총을 발견하고 괴성을 지르며 프레임아웃.

화면 밖에서 만수와 아라가 싸우는 소리.
피 흘리며 아파하면서도 둘을 지켜보는 범모의
이상한 표정.

C# 49

49) 이상한 자세로 엉켜 싸우는 만수와 아라.
만수에게 붙들린 스웨터가 늘어나 아라의 한쪽
가슴이 드러나고 스커트는 허벅지까지 올라간다.

C# 50-1

50-1) 만수와 앞으로 안겼다가 뒤로 안겼다가
해 가면서 식식대며 구원을 바라듯 남편을 보는 아라.

C# 50-2

50-2) 아라, 만수의 팔꿈치에 코를 맞는다.

코를 싸쥐는 아라.

C# 51-1

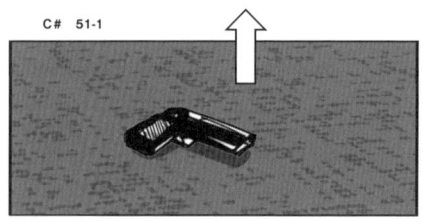

51-1) 총을 내려다보던 카메라가 틸트업하면 ─

기어 오는 만수가 보인다.

어느새 트로피를 주워 든 아라가 덮치면서
만수 등짝을 찍는다.
비명 지르는 만수, 옆으로 구른다.

낮 | S | 17:00 / 17:10 | 음악감상실 / 복도

범모를 죽이려 하지만 아라의 개입으로 실패하는 만수

C# 51-2

51-2) 아라, 총을 향해 손을 뻗는다.

C# 52

52)　세 사람 손이 동시에 총을 향해 뻗친다.
아라가 총을 차지한다.

C# 53-1

53-1) 아라가 권총을 집는 동안 몸을 일으켜 세우는
만수 따라 틸트업 －

만수, 출구를 못 찾아 우왕좌왕하다 잽싸게 방에서
달아난다.

총을 쥔 아라가 일어나 앉으며 프레임인한다.
총을 고쳐 잡고 우왕좌왕하는 만수를 따라 조준하는 아라.
문 쪽으로 총을 겨누지만 이미 늦었다.

C# 53-2

53-2)

범모
(소리)
총!

돌아보는 아라.

C# 54

54) 범모, 아라에게 손바닥을 내밀며 다시 한번—

범모
뭐 해, 총!

C# 55

55) 범모를 보는 아라.

C# 56

56) **54) 연결.** 손 내민 채 아라를 보는 범모.

C# 57

57) 아내 얼굴에서 이상한 낌새를 느끼는 범모.

범모를 죽이는 아라, 달아나는 만수

C# 1

1) 문을 홱 열고 나와 뒷동산 계단을 뛰어오르는
만수를 데리고 후진하는 카메라—

범모가 따라 나오는 모습이 보인다.
돌아보는 만수.

C# 2

2) 만수 따라가는 카메라. (대역)

총성이 들리자 제가 맞은 줄 알고 비명 지르며
엎어진다.

C# 3-1

3-1) 만수가 제 몸 여기저기를 더듬다가
내려다보면⋯⋯

C# 3-2

3-2) 멍하니 선 범모. 뒷문에 선 아라, 산발하고 코피를 흘린다.

C# 4

4) 얼어붙은 만수.

C# 5

5) 3)연결. 아내를 돌아보면, 등에 새 총상을 입었다. 픽 쓰러지는 범모.

C# 6

6) 4)연결. 범모를 보는 만수.

C# 7-1

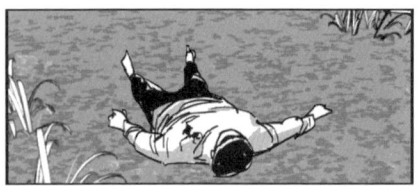

7-1) 만수 시점 – 누워 신음하는 범모.

C# 7-2

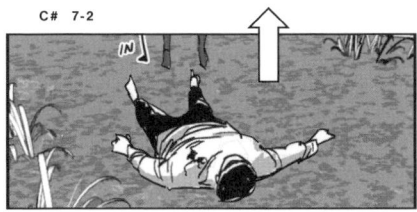

7-2) 범모 가까이 다가오는 아라의 다리.
틸트업하면—

아라 얼굴.

C# 8

8) 범모 시점 — 내려다보는 아라.

C# 9

9)   아내가 자기한테 왜 이렇게까지 하는지 이해
못 하는 범모.

범모
내가 실직을, 하고 싶어서 한 게⋯

C# 10

10) **6) 연결.** 범모 말을 듣는 만수.

범모
(소리)
⋯아니잖아⋯

C# 11

11) 9)연결.

C# 12

12) 7)연결.

아라
아니라고! 내가 몇 번을 말해!
실직 자체가 문제가⋯⋯

C# 13

13) 8)연결. 분노와 원망으로 눈물이 차오르는
아라, 발을 동동 구르고 총 든 손을 휘두르며 따지듯─

아라
⋯⋯아니라 니가 실직에 어떻게 대처하는지
그게 문제라고!

C# 14

14) 11)연결. 눈 뜬 채 숨을 거두는 범모.

C# 15-1

15-1) 13)연결. 아라, 넋이 나가 웅얼웅얼 주저리
주저리─

아라
내 얘기 들었어, 안 들었어?
총 두 방 맞는다고 죽냐? 아니, 내 말은⋯⋯

C# 15-2

15-2) 말을 멈추고 내려다보다가 고개 홱 들어 뒷동산 쪽을 보는 아라.

C# 16

16) **12) 연결.** 렌즈를 보는 아라.
텅 비어 버린 눈동자, 주르륵 흐르는 코피.

C# 17

17) **10) 연결.** 기겁하는 만수를 향해 줌인.

C# 18

18) **14) 연결.** 죽은 범모를 향해 줌인.

해거름 | L | 17:30 | **범모 집 뒷동산**

휘청휘청 달아나는 만수, 총을 휘두르며 쫓는 아라

C# 1

1)   휘청휘청 달아나는 만수.

C# 2

2)   뒤쫓는 아라.

C# 3

3)   관자놀이에서 피 흘리면서 달리는 만수, 가슴 장화 때문에 잘 못 뛴다.

C# 4

4)   총을 휘두르며 쫓는 아라, 괴성을 지른다.

C# 1

1) 뒷동산에서 내려오는 만수. 멀리서 달려온다.
뒤쫓는 아라.

만수, 구부러진 길로 내려가 차에 탄다.

C# 2-1

2-1) 조수석에 탄 카메라.
만수, 세워 둔 차에 뛰어들듯 타며 뒷동산을 본다.
그 방향으로 패닝하면－

아라가 모습을 드러낸다.
다시 패닝－

재빨리 시동 걸고 출발하는 만수.

C# 2-2

2-2) 만수, 사이드미러를 본다.

C# 3

3) 만수 시점 – 사이드미러로 보이는 아라….

멀어져 가는 아반떼를 향해 총을 쏜다. 빗나간다.

C# 4

4) 운전하면서 글러브박스를 열어 스마트폰 전원을 켜는 만수.

C# 5

5) 만수 시점 – 부인씨로부터 부재중 10통.

C# 6

6) **4) 연결.** 계기반을 보는 만수.

C# 7

7) 만수 시점 – 연료 부족 경고등까지 뜬다.

C# 8

8) **6) 연결.** 만수 절규.

> 만수
> 아, 씨····

C# 9

9) 석양빛을 받으며 선 아라, 절규.

> 아라
> ····발!

C# 1

1)　멀리 타운하우스 단지가 보이는 풍경. (VFX)
근경에는 만수 집 지붕.
카메라 붐다운하면—

시원이 방이 들여다보이는 창.
컴퓨터 모니터를 들여다보며 뭔가 작당 중인
시원과 동호.

동호 뒤 의자에 쿠션을 깔고 앉은 리원, 눈을 감고
동호 어깨에 턱을 괸 모습이 편해 보인다.

C# 2

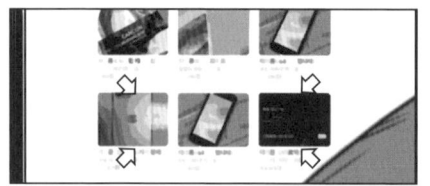

2)　모니터 화면 — 스마트폰들의 이미지와
가격이 떠 있다.
그중 하나로 줌인—

전화가 울린다.

278

| 밤 | S | 18:03 | 만수 집 시원 방 |

컴퓨터 앞에 앉아 작당 중인 시원과 동호, 만수에게 전화가 온다

C# 3

3) 놀라는 아이들.

C# 4

4) 시원의 휴대전화가 울린다. 발신자 — 아빠.

스피커폰으로 받는 시원.

시원
(소리)
엡!

C# 1

1) 한적한 도로변 낡은 주유소에서 연료를 공급
받는 아반떼. 전화 통화하는 만수. 관자놀이에는
피 엉긴 티슈 뭉치.

만수
니 엄마는 왜 그렇게 전화를 안 받니?
엄마, 집에 있어?

| 밤 | S | 18:04 | 만수 집 시원 방 |

만수와 통화하는 시원

C# 1

1)　전화기를 드는 시원.

> **시원**
> 아니.
> **만수**
> (소리)
> 엄마가 아빠한테 전하란 말 없어?
> **시원**
> 있어.

패닝―
동호 어깨에 턱을 괸 채 눈 뜨는 리원, 전화기를 본다.

C# 1

1)   딸의 목소리를 듣는 만수.

리원
(소리)
너네 아빠 나중에 후회할 거야!

덜컥 겁이 나는 만수. 동시에 주유가 끝난다.
덜컥! 주유 손잡이 고정 핀이 풀린다.
다가오는 만수, 카메라 틸트업—

만수, 주유 손잡이를 차에서 빼며—

만수
엄마 어디 갔는데?

C# 1

1)   미리 뒷모습. 몸을 돌린다.

춤추는 사람들 구경하는 미리.

C# 2

2)   (씬74 셀프 주유소 교차 편집)
만수의 턱이 힘없이 툭 떨어진다. 입 헤 벌린 만수,
자기의 기억상실이 믿기지 않는 모양이다.

만수
안 돼! 엄마가 내 의상은 챙겨 놓고 갔니?

C# 3

3)   사슴 가죽 미니스커트에 (만수가 사 준)
댄스 슈즈, 그리고 (전에 거부했던 진호의 선물)
머리띠로 치장한 인디언 공주 차림의 미리.
외쪽에는 얼굴에 페이팅까지 한 인디언 전사 진호,
오른쪽에는 인디언 처녀 옷을 입은 간호조무사
민지. 진호와 민지, 시무룩한 미리 눈치를 본다.

시원
(소리)
옙!

C# 1

1) 차 타는 만수, 차 출발시키며 피곤에 찌든
목소리로—

만수
아빠한테 조금만 더 길게
대답해 줄 수는 없겠니?

시원
(소리. 쾌활하게)
아빠, 힘내세요!

차 출발.

C# 1

1) 왈츠 추는 사람들.
줌인―

춤추는 사람들을 구경하는 치과 사람들.
저도 모르게 리듬에 맞춰 몸을 살짝살짝 움직이는 미리.

C# 2

2) 선물 받은 댄스 슈즈를 신은 미리의 발,
리듬에 맞춰 바닥을 탁탁 두드린다.
옆에 와 서는 은미의 발.

285

밤 | L | 19:15 | 호텔 연회장

만수의 부재로 구경만 하는 미리에게 춤을 청하는 진호

C# 3

3) 1) **연결.** 미리가 돌아보고-

미리
안 춰? 투우사 남편은 어쩌고?
은미
아 몰라, 급똥이래.

울적한 표정으로 구경하는 미리와 은미.
진호가 미리 곁으로 다가올 때 호형 트래킹-
진호, 미리 팔꿈치를 잡으며-

진호
우리도 끼죠.

무시하는 미리, 춤추는 사람들을 보며-

C# 4

4)
미리
에이…… 모르잖아요, 저 춤.
부드럽게 팔을 빼는 미리.

C# 5

5) 3) **연결.**
진호
모르긴 뭘 몰라요, 알아요.

C# 6

6) 4) **연결.** 진호를 돌아보는 미리.

C# 7

7)   5) 연결.

진호
지금 보고 다 외웠어요.

C# 8

8)   6) 연결. 조금 놀라는 미리.

C# 9

9)   7) 연결.

진호
연습 많이 했다면서요.
(우아하게 손을 내밀며)
뽐내 봐야죠.

C# 10

10)   8) 연결. 주위 눈치를 살피다가 진호의 손을
잡는 미리, 댄스 플로어로 향한다.

남은 은미, 호기심에 찬 눈빛으로 두 사람을 본다.

C# 1-1

1-1) 꼰 금줄로 장식된 견장이 달린 영국 해군복 차림의 만수가, 삼각 모자를 고정시키려고 애쓰면서 급히 들어온다.

패닝—

만수가 연회장 문을 열려고 할 때—

누군가 안에서 문을 밀고 나온다.
중국 선녀처럼 입은 여자가 달아나듯 홀에서 빠져 나오고 그 뒤를 투우사 차림의 원노가 쫓아온다.
본의 아니게 문 뒤에 숨은 꼴이 되어 버린 만수를 향해 전진하는 카메라.

C# 1-2

1-2） 문을 연 채로 뒤에 숨은 만수, 원노를
지켜본다.

C# 2

2） 만수 시점 – 계단 뒤 으슥한 구석에서 선녀를
달래는 원노.

C# 3

3） 망원렌즈. 선녀를 데리고 계단 뒤로 사라지는 원노.

C# 4

4） **1) 연결**. 만수, 혐오감.

연회장으로 들어가는 만수.

SETUP 10 | 뒤늦게 도착한 만수를 무시하고 계속 춤추는 미리, 질투에 몸을 떨며 돌아서는 만수

C# 1

1) 폴라로이드 카메라에서 사진이 나온다.

C# 2

2) 폴라로이드 사진을 오즈 커플에게 주는 사진사.
뒤로 길게 줄 선 사람들을 헤치고 나타나는 만수.
카메라는 하강하고 —

만수는 다가오고 —

만난다.
멀리서 춤을 추는 아내를 발견하고는 얼굴이
창백해진다.

C# 3-1

3-1) 만수 시점 — 춤추는 사람들 너머로 미리와
진호, 멋진 한 쌍을 이루었다. 미리는 빙글빙글
돌면서도 입구를 힐끔거린다.

SETUP 10

뒤늦게 도착한 만수를 무시하고 계속 춤추는 미리, 질투에 몸을 떨며 돌아서는 만수

C# 3-2

3-2) 칵테일잔 쟁반을 든 웨이터, 프레임인―
만수에게 칵테일을 권한다.

C# 4

4) 미리 시점 ― 만수, 입맛을 다시지만 손을 저어
칵테일을 거절한다.

C# 5

5) 만수를 발견한 미리, 막상 보니 화가 치민다.
재빨리 훔쳐보고⋯⋯

곧 외면한다.

C# 6-1

6-1) 아내를 향해 출발하는 만수.
사람들 사이에서 눈에 띄지 않으려는 생각에
춤추듯 몸을 흔들고 좌우로 움직이며⋯⋯
줌아웃―
낮은 심도.

SETUP 10 | 뒤늦게 도착한 만수를 무시하고 계속 춤추는 미리, 질투에 몸을 떨며 돌아서는 만수

C# 6-2

6-2) 군중을 헤치고 전진하여 점점 미리와
가까워진다. 사람들과 부딪히면서 모자가 점점
비뚤어진다.

C# 7

7) 미리, 일부러 진호를 향해 까르르 웃어 준다.
카메라 호형 트래킹 —
헤벌레 신이 난 진호의 얼굴이 보였다 사라지면서
그의 어깨너머로 미리가 드러난다.

카메라 이동 계속, 미리와 진호 너머로 만수가
프레임인된다.

카메라 이동 계속, 만수 뒷모습이 프레임인된다.

이번에는 만수 어깨너머로 미리와 진호.
미리의 눈은 웃는 모양으로 감겼고 지금 천국에
있는 것 같다.

C# 8

8) 망원렌즈. 미리와 진호 사이로 보이는 만수,
질투에 몸을 떤다.

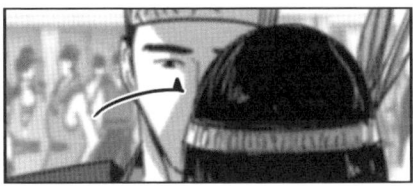

두 사람이 계속해서 춤을 추며 돌자 가려지는 만수.

C# 9

9) 눈 뜨는 미리, 슬며시 주위를 살핀다.

C# 10

10) 미리 시점 ─ 남편은 이미 멀어지고 있다.

C# 1

1) 　가슴 장화를 신은 만수가 헉헉대며 앉는다.

C# 2

2) 　만수 뒷모습 너머 범모 집.
아라와 준오가 땀을 뻘뻘 흘리며 땅을 판다.
쌍안경을 드는 만수.

C# 3-1

3-1) 쌍안경 시점 – 땅 파는 아라와 준오.

줌인 –

쌍안경 비네팅 사라진다.
이불에 말린 범모 시체, 아라가 벗어 놓은 옷 –

C# 3-2

3-2) 그리고 권총.

C# 4

4) 쌍안경 내리는 만수ー

생각한다.

C# 5

5) 잠시 후ー 비가 온다. 같은 방향/더 먼 사이즈.
똑같은 자세로 숨어 범모 집을 관찰하는 만수.

C# 6-1

6-1) 음악감상실의 아라와 준오,
몽환적인 트립합에 맞춰 흐느적거린다.
아라, 울다가 웃다가 절규했다가 엉망진창이다.
패닝ー

C# 6-2

6-2) 땅 파는 만수.

C# 7

7)   번개에 놀라는 만수.

C# 8

8)   두리번거리다 다시 일하는 만수. 번개.

C# 1

1)   번개 치듯 빠르게 명멸하는 조명. 빠른 음악.
진호와 민지, 동호회 멤버들을 비롯한 사람들
틈에 미리, 춤춘다.

C# 2

2)   B 카메라 – 미리, 열심히는 추는데 그리 신나
보이지 않는다.

C# 1

1)　운전하는 만수의 시점 – 시 경계를 표시하는 거대한 사과 조형물이 가까워진다.
'어서 오세요, 구종시입니다'

C# 2

2)　차 앞 유리에 반사된 사과 조형물.
초점 이동 –

만수, 피곤해서 양손으로 얼굴을 쓸어내린다.
호형 트래킹 –

잠 깨려고 창을 내리는 만수.
초점 이동 –

조수석에 놓인 진흙투성이 권총.

밤	O	01:05	만수 집 앞
			미리를 집 앞에 내려 주는 진호

C# 1

1)　비가 그쳤다. 만수 집 지붕 너머 멀리 보이는
안개 낀 풍경.
자동차 배기음이 점점 커지더니 헤드라이트가
나타난다.

가까워지는 자동차.

C# 2

2)　진호의 멋진 머스탱 컨버터블이
프레임인해서 선다.

민첩한 동작으로 하차하는 진호.

C# 3

3)　미리 쪽 문을 열어 주는 진호, 미리 하차.
진호 얼굴을 보는 미리. 우리에게는 그 표정이
안 보인다. 아쉬워하는 진호.

| 밤 | O | 01:07 | 만수 집 거실 |

창 너머로 보이는 미리와 진호

C# 1

1)   창 너머로 진호 차가 보인다.
미리와 진호가 마주 서 있다.

SETUP 21 | 서로를 의심하는 만수와 미리, 갈등이 심화된다

C# 1

1)   어두운 방에 들어오는 미리.
빈 침대가 어렴풋이 보인다.
(역시 인디언풍으로 술 달린 가죽제) 손가방을
침대에 던지고 화장대 앞에 앉는 미리.

달빛을 받아 창백한 자기 얼굴을 물끄러미
보는 미리.

만수
(소리)
그 자식이 잘 데려다줬지?
할라면 풀서비스루 해 줘야지.
차에서 떡쳤나?

남편 목소리에 소스라친다. 안 보이는 남편을
찾아 두리번거리는 미리. 옷방 문을 연다.

C# 2

2)   만수를 내려다보는 미리.

만수
차에서 하는 거 좋아하잖아.

C# 3

3)   젖은 머리와 눈빛의 번쩍임.

만수
검정 망사팬티 입었지? 장미 레이스.
나 뉘셔 왔는데 없더라?

C# 4

4)   옷방 불을 켜는 미리.
눈부셔 고개 숙이는 만수, 왜소하고 초라해 보인다.

C# 5

5)   3) 연결. 고개 숙인 만수.
패닝 —

옷장의 속옷 서랍이 나오고 안이 헤쳐져 있다.

C# 6

6)   4) 연결. 아내를 올려다보는 만수. 헤쳐진
옷장을 보고 입이 딱 벌어진 미리.

총알이 발사되듯 덤벼드는 만수.

C# 7

7)   쓰러지는 미리. 아내의 치마를 걷고 팬티를
붙잡으며 절규하는 만수. (미리는 스턴트 더블)

만수
입었잖아, 입었잖아!
벗어 봐, 냄새 맡아 보면
했는지 안 했는지 다 알아.

C# 8

8) 미리, 소리 죽인 비명을 지르며 몸싸움을 시작한다.

C# 9

9)
만수
잠깐이면 되잖아,
죄진 게 없으면 뭐가 무서운데?

이제 바닥에 있는 미리—

있는 힘을 다해 남편 가슴을 두 발로 밀쳐 낸다.
(미리는 스턴트 더블)

C# 10

10) 만수는 바닥에 나동그라진다.
(만수는 스턴트 더블)

C# 11

11) 일어나 앉는 미리.

미리
술 마셨냐?

밤 | S | 01:15 | 부부 침실

서로를 의심하는 만수와 미리, 갈등이 심화된다

C# 12

12) 바닥에 누운 채 픽 웃는 만수.

C# 13

13) **11) 연결. 카메라 전진 —**

그 표정을 긍정의 표시로 받아들이는 미리, 고개
저으며 비탄에 젖어 —

미리

안 돼⋯⋯ 그 고생을 또 할 순 없어⋯⋯
구 년이야, 여보! 구 년 동안 잘 참았잖아,
이 악물구. 그걸 다 물거품으로 한 거야?
자다 토해가지고 질식사할 뻔하고.
만취해서⋯⋯
(아이들이 들을까 봐 속삭이기 시작)
⋯⋯내 아들 때리구! 다섯 살짜리를!
지 딸한테 샘낸다고!

C# 14

14) **12) 연결. 상체를 일으키는 만수.**

만수

(어금니를 꽉 물고 속삭인다)
백만 번 말했다, 시원이두 똑같은 내 새끼야!

C# 15

15) 13) 연결.

미리

하긴…… 당신이 사람 차별은 안 하지,
술 먹으면 누구한테나 공평하게 개니까.

C# 16

16) 만수, 수치스러워 얼굴이 일그러진다.
자기 뺨을 세게 갈기더니 ─

만수

이렇게 할까?
당신 냄새 맡게 해 주면
내 입 냄새 맡게 해 줄게, 어때?

C# 17

17) 일 초도 망설이지 않고 팬티를 벗어 던져 주는
미리.

코를 갖다 대는 만수.

서로를 의심하는 만수와 미리, 갈등이 심화된다

C# 18

18)　막상 냄새를 맡고 보니 이게 뭐 하는 짓인가
싶어 부끄러워지는 만수.

C# 19

19)　17) 연결. 달려드는 미리, 만수 머리를
양손으로 잡고 들어 올린다.

C# 20

20)　허리를 굽히는 미리, 만수 입에 코를 들이대고
숨 냄새를 맡는다. 미리도 오해가 풀린다.
호형 트래킹 –

일어서는 미리.
만수, 새로운 트집을 잡으려고 –

만수
뭔 생각이었던 거야,
오징어 새끼랑 옷 맞춰 입고‥‥
나한텐 이 광대 같은 의상을 주고!

C# 21

21)　피곤해서 양 손바닥으로 제 얼굴을 쓸어내리는
미리.

미리
존 스미스.

C# 22

22) 20) 연결. 못 알아듣고 물끄러미 올려다보기만
하는 만수.

C# 23

23) 21) 연결.

미리

영국 해군 존 스미스랑 포카혼타스라구,
이 멍청아! 그렇게가 한 쌍이야!
리원이 어렸을 때 젤 좋아하는 만화였잖아.
그걸 잊어버리냐, 같이 백 번을 봤는데?

C# 24

24) 22) 연결. 만수, 아차!

C# 25

25)

미리

오진호 선생은 내가 포카혼타스 한다니까
그럼 병원 사람들 다 인디언 하자구……
간호사도 인디언이었잖아, 못 봤어?
그러니까 사실은……
(자신과 남편을 가리키며)
너랑 나, 우리가 한 쌍이었다구!
당신 눈엔 내가 그런 사람이야?
어떻게 날 의심해?

C# 26

26) 24) 연결.

만수

어! 난 충분히 의심할 수 있지! 너 이쁘니까!
넌 너무 이쁘잖아!

307

C# 27

27) 23) 연결.

미리

('제발 닥쳐!')
너두 잘생겼잖아!!
리원이가 우리 변신하면 연주해 주겠다고
약속했는데! 내가 딜 다 해 놨는데!
(만수 관자놀이의 피로 엉긴 머리칼을
발견하고 걱정스레 손가락질)
왜 이래?

C# 28

28) 만수, 동정을 사 보려고 눈에 잔뜩 힘을 주고-

만수

나 지금 전쟁 중이잖아, 가족을 위해서.
그러니까 우리끼리 똘똘 뭉쳐 서로 믿어야 해.
신의. 신뢰.

C# 29

29) 미리의 '너 잘 걸렸다' 눈빛.

미리

그럼 왜 당신은 온실에만 틀어박혀 있는데?
온실, 그놈의 온실!
그리고 주행거리 삼천 킬로, 한 달 만에!
가슴 장화는 왜 싣고 다녀?

C# 30

30) 25) 연결.

미리

면접 가서 뱀에 물리는 비결은 뭐야?
내가 얼만큼 천치라고 생각하는 거야?
말해 봐! 왜 말을 안 해,
낚시 여행 다니면서 치킨 나눠 먹고
윤활제 발라 가면서 섹스하는 년 얘기를!

어디서부터 무슨 말을 해야 할지 막막해진 나머지,
완전히 울상이 되어 고개 푹 숙이는 만수.

308

C# 31

31) 미리 어깨너머 만수.

만수
여보⋯⋯ 여보⋯⋯ 나한테 이러지 마.
일어서는 만수.

카메라 전진─

미리, 프레임아웃된다.

만수
(한껏 설득력 있는 눈빛으로)
내 면접은 있잖아, 정말 힘든 그런
면접이야⋯⋯
상대를 똑바로 보고, 그렇게⋯⋯

저도 모르게 손을 들어 방아쇠 당기는 시늉을
하는데 불이 탁 켜지자 깜짝 놀라 손 내리는 만수.

만수
⋯⋯하는 건 진짜 어려워.

C# 32

32) 광가렌즈. 문 옆에 선 미리, 전등 스위치를
누른 손을 내린 다음 걸어온다.

비통한 나머지 웃는 미리, 입꼬리가 한쪽으로
치켜 올라가─

미리
반박을 안 하네?

C# 33

33) 광각렌즈. 할 말이 없어 어쩔 줄 몰라 하는 만수.
카메라 후진ー

미리 뒷모습이 프레임인된다.
패닝ー

만수, 억울한 나머지 옷방 벽에 박치기!
관자놀이를 또 다친 만수ー
패닝ー

비명을 지르며 우왕좌왕하더니 뛰쳐나간다.
계속해서 패닝ー

미리가 쫓아와 또 프레임에 들어온다.
미리, 소리친다. 아이들이 깨든 말든 아랑곳 않는다.

미리
인제 다 끝이야, 이⋯⋯

장면 전환과 함께 미리의 절규가 싹둑 잘린다.

C# 1

1)　　부부 침실에서 나오는 만수, 아파서 비틀거린다.

계단으로 가면서 프레임아웃하는 만수.
따라 나오는 미리.

화면 밖에서 들리는 우당탕 소리.
내려다보는 미리.

C# 2

2)　　층계참에 뒹굴고 있는 만수.

미리가 내려다보는 동안 다시 일어나
아랫계단으로 향하는 만수.

밤 │ S │ 01:30 │ 2층 복도 / 계단

데굴데굴 굴러서 계단을 내려온 만수, 소리치는 미리

C# 3

3) 층계참에서 허공에 발을 내딛으면서
엉덩방아를 찧는 만수, 엉덩이로 계단을 찍으면서
콩콩콩 내려온다.

너무 쪽팔린 나머지 1층에 도착하자마자 벌떡 일어서
그 기세 그대로 나가 버리는 만수, 프레임아웃.

층계참까지 따라 내려온 미리, 소리친다.
아이들이 깨든 말든 아랑곳 않는다.

미리
인제 다 끝이야, 이……

장면 전환과 함께 미리의 절규가 싹둑 잘린다.

C# 1

1) 현관에서 나오는 만수. 비틀거리면서 온실로 가 해군복을 벗으면서 불을 켠다. 온실이 유리 상자처럼 빛난다.

C# 2

2) 작업대에 상자를 놓고 이력서를 꺼낸다.

C# 3

3) 속옷 바람으로 고시조의 이력서와 자기소개서를 꺼내 읽고 또 읽고 시조의 사진을 보고 또 보는 만수.

사진 쪽으로 시선 옮긴다.

시조
(소리)
이제 다 끝이다, 싶을 때야말로
새로운 기회가 열린다는
인생의 교훈을 깊이 새기고 있습니다.

C# 4

4) 작업대에 놓인 시조 사진.

시조
(소리)
한 가지 특기할 것은
저 고시조는 단순한 관리자가
아니라는 사실입니다.

313

C# 5

5)　　3) **연결**. 자기소개서를 읽는 만수. 손을 뻗어 빨간 색연필을 잡는다.

시조

(소리)

저는 기계공학을 전공했고
설비 부서에서부터 잔뼈가 굵었습니다.

C# 6

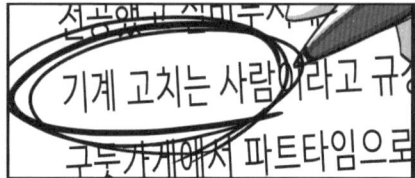

6)　　'기계 고치는 사람' 부분에 빨간 동그라미를 세 번 치는 만수.

시조

(소리)

저는 저 자신을 무엇보다도 기계 다루는 사람,
기계 고치는 사람이라고 규정합니다.

위장을 한 만수, 시조에게 신발을 살 것처럼 연기하며 접근한다

C# 1

1) 카운터에 놓인 모니터-
패닝해서 두 감시카메라에 잡힌 이미지가 보인다.
변장한 만수가 입장한다.

시조
(소리)
현재는 아내와 딸을 데리고
고향에 내려와 살면서
구두 가게에서 파트타임으로 일하고 있습니다.
저는 지역 주민 활동에도 열성적입니다.
치매 노인 복지 센터뿐 아니라⋯⋯

만수, 감시카메라를 힐끔거리며 안으로 진입한다.
더 패닝하면-

시조
(소리)
⋯⋯유기동물 보호소에서도
봉사자로 활동합니다.
하지만 저는 채용이 될 경우
귀사의 소재지 가까운 곳으로 이사할
용의가 얼마든지 있습니다.

실물 만수. 감시카메라를 의식하며 야구 모자를
더 깊이 눌러쓰는 만수, 안경까지 썼다.
옷차림도 평소와는 달리 발랄하다.

C# 2

2) 땀을 삘뻘 흘리며 긴장한 만수, 구두 구경하는
척하랴, 감시카메라와 시조를 힐끔거리랴,
대사 외우랴 바쁘다. 손바닥 메모를 본다.

C# 3-1

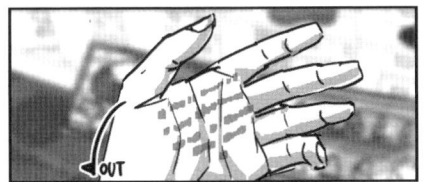

3-1) 만수 시점 - 빨간 볼펜 글씨로 덮인 손바닥.

C# 3-2

3-2) 만수가 손을 내리면 발 거울로 초점 이동 –
거기 비친 시조, 한 무릎을 꿇고 손님에게 신을
신겨 준다. 손님 옆에는 이미 신어 본 구두가
세 켤레나 쌓였다.

C# 4

4) 2) 연결. 더 잘 보려고 움직이는 만수.

C# 5

5) 시조의 얼굴이 잘 보일 때까지 조금씩 움직이는
카메라. 시조 얼굴로 줌인.

문 열리는 소리에 돌아보는 시조.

C# 6

6) 4) 연결. 만수도 시선을 옮긴다.

| 낮 | L | 15:00 | 구두 가게 |

위장을 한 만수, 시조에게 신발을 살 것처럼 연기하며 접근한다

C# 7

7)　　만수 시점 – 다른 발 거울에 비친 예니의 다리.
패닝 / 틸팅하면 –

실물 예니, 화구통을 멘 교복 입은 중학생.

시조
(소리)
예니야.

C# 8

8)　　일어서면서 빈 프레임에 들어오는 시조.
(카메라 뒤에 있는) 딸을 향해 반가운 표정.

C# 9

9)　　7) 연결. 백팩을 앞으로 멘 예니.

C# 10

10)　　그 모습에 제 딸 생각이 나 울컥하는 만수.

예니
(소리)
미술학원 끝나고 애들이랑
좀 놀고 가도 돼?

낮 | L | 15:00 | 구두 가게

위장을 한 만수, 시조에게 신발을 살 것처럼 연기하며 접근한다

C# 11

11)   8) **연결**. 시조, 문밖을 본다.

C# 12

12)   시조 시점 – 예니 뒤로 초점 이동, 예니 친구 둘이 꾸벅 인사한다.

C# 13

13)   11) **연결**. 일어서면서 프레임에 들어오는 젊은 남자 손님의 뒷모습으로 초점 이동.

C# 14

14)   10) **연결**. 만수, 젊은 남자 손님이 괜히 신경 쓰인다.

C# 15

15)   젊은 남자 손님 시점 – 발 거울에 비친 구두.

C# 16

16) 13)연결. 시조로 초점 이동.

시조
민이 아빠가 데려다준대?

C# 17

17) 14)연결. 대답이 궁금한 만수, 시조에서 예니로 시선을 옮긴다.

시조
(소리)
아홉 시까진 오지?

C# 18

18) 12)연결. 친구들을 향해 손으로 장난스럽게 신호를 보내던 예니가 돌아본다.

예니
응.

C# 19

19) 젊은 남자 손님, 발 거울에서 시조에게로 시선을 옮긴다.

젊은 남자 손님
이것도 아닌 거 같아요. 다음에 올게요.

C# 20-1

20-1) 만수 시점 ― 시조, 당황한다.

시조
아, 잠깐만요 잠깐만요!
좋아하실 만한 게 있어요.

딸을 향해 가는 시조를 따라 좌향 패닝―

C# 20-2

20-2) 딸에게 만 원을 쥐여 주고는 가 보라고
손짓한 다음 카운터로 가는 시조를 따라
우향 패닝 −

시조
완전 신상이라 이번 주말에 디피할 건데⋯

그러면서도 딸을 향해 작은 동작으로 손 흔드는 시조.

C# 21

21)　17) **연결.** 부녀를 번갈아 보는 만수. 이 모든
디테일을 놓치지 않고 관찰한다.

젊은 남자 손님
(소리)
괜찮아요, 아저씨.

C# 22

22)　18) **연결.** 빠이빠이 하는 예니.

나간다.

C# 23-1

23-1) C# 16과 같은 셋업 / 더 와이드한 사이즈.
딸 떠나는 뒷모습을 아쉽게 보다가 서둘러 창고로
가는 시조.

시조
금방 가져올 테니까 잠깐만 계세요, 손님.

젊은 남자 손님, 시조가 사라지자마자 제 신 신고 떠난다.
그 움직임 따라 패닝 —

자기 앞을 스쳐 지날 때 우물우물 말 거는 만수.

만수
많이 바쁘세요?

'이상한 사람이네' 표정으로 지나가는 젊은 남자.

괜히 째려보는 만수, 이 상황을 견디기 힘들다.
자기도 떠나려고 한다.
그 움직임 따라 패닝 —

이미 한 발을 밖으로 내디뎠는데,
불러 세우는 목소리.

시조
손님!

C# 23-2

23-2) 몸은 얼어붙고 머리만 돌려,
죄지은 사람처럼 —

> 만수
> 네?

C# 24

24) 구두 상자 든 시조.

> 시조
> 다른 분은 가셨네요?

C# 25

25) 23) 연결.

> 만수
> 그르게요.
> (어색한 침묵)
> 급한 전화가 온 거 같든데요?
> 딸애가 걸음마하다가 넘어졌‥‥

C# 26

26) 24) 연결.

> 시조
> 예? 이상하다, 약혼식에 신을 거
> 사러 오셨는데?

C# 27

27) 25) 연결.

> 만수
> 신부가 싱글맘일 수도 있잖아요.

C# 28

28) 26) 연결.

> 시조
> 예?
> (생각해 보니 '그럴 수도?'
> 쾌활한 모드로 전환해)
> 죄송함다, 오래 기다리셨죠?
> 손님 신으실 거, 선물하실 거?

C# 29

29) 27) 연결.

> 만수
> 딸인데요.

C# 30

30) 28) 연결.

> 시조
> 나이가 어떻게 되시는데?

C# 31

31) 29) 연결. 빤히 보는 만수.

C# 32

32) 30) 연결. 시조의 절박한 눈빛.

위장을 한 만수, 시조에게 신발을 살 것처럼 연기하며 접근한다

C# 33

33) **31) 연결.** 그 눈빛에 문밖에 딛은 한 발을 도로 불러들일 수밖에. 고개를 푹 숙인 채 최대한 천천히 걸어온다.

외워 둔 대사가 하나도 생각이 안 나는 만수, 오는 길에 괜히 멈춰서 여성용 샌들 한 짝을 들고 바닥을 보는 척하면서 손바닥 메모를 읽는다.

C# 34

34) 만수 시점 – 왼 손바닥 메모. 핸드헬드 카메라.

C# 35-1

35-1) 33) 연결.

걸으면서 마른세수를 하는 척 또 손바닥을 보는 만수.

| 낮 | L | 15:00 | 구두 가게 |

위장을 한 만수, 시조에게 신발을 살 것처럼 연기하며 접근한다

C# 35-2

35-2) 시조 앞에 도착한다. 결심하고 시조를 바로
보면서─

만수
그립죠? 동료들하고 한잔하면서
일 얘기하는 거.

C# 36

36) 놀라는 시조.

C# 37

37) **35)** 연결.

만수
저도 1년이 넘다 보니
실업자 동지는 척 보면 알겠더라고요,
이런 일 하실 분으로 안 보여요.

C# 38

38) **36)** 연결. 인정하듯 쓰게 웃는 시조.

C# 39

39) **37)** 연결.

만수
열 살이요.

C# 40

40) 38) 연결.

시조
에? 아, 따님?
(감상에서 빠져나와 활기차게)
구두 보세요? 부츠? 샌달?

아동화 섹션으로 가는 시조 움직임 따라
패닝/트래킹—

C# 41

41) 시조 너머 만수, 로우앵글.

만수
에나멜 구두요, 반짝반짝하는. 이백십.

C# 42

42) 구두 고르느라 쪼그리고 앉아 얼굴도 안 보이는
곳에서 겨우 들려오는 목소리—

시조
제지 쪽에서 일했어요…… 특수지요,
특수지가 뭐냐? 지폐 재료도 만들고
로또도 만들고 영수증, 여권, 호두과자 봉투,
아이스콘 포장, 생리대 박리지, 끝도 없고요,
이런 말 하면 다들 비웃지만
저희처럼 흰 종이 뜨는 사람들은
제지도 일종의 예술이라고 생각합니다.

C# 43

43) 41) 연결.

만수
비웃긴요! 질 좋은 종이 만지고 있으면 얼마나
기분이…… 뭐냐, 으음……

C# 44

44) 적당한 단어를 고르는 만수, 포근해지는 표정.

만수
포근해지는데요!

만수, 거짓말을 안 할 수 있어서 참 좋다.

C# 45

45) 43) 연결. 잠시 침묵, 손놀림도 멈췄다.

46) 고개 돌리는 시조, 만수를 본다.

시조
오호…… 섬세하신 분이네, 이분이.

C# 46

47) 44) 연결.

만수
우리 딸은 거의 말을 안 해요.
하더라도 대부분 남이 한 말의 메아리죠.
그냥 그렇게 타고났고요. 첼로만 연주해요.
선생님 말로는 타고났대요.
어쩌면 세계적인 인물이 될 수도 있다고……
근데 우리한텐 제대로 들려주지도 않아요.
그래도 부모가 이 재능을 밀어줘야 되는데……
앤 음악 아니면 독립할 수가 없거든요.
내가 먼저 죽을 텐데 나 죽으면 애 어떡해요.

C# 47

화면 밖에서 움직이는 시조를 따라 만수의 시선이
옮겨 간다.

만수
최소한 오천만 원짜리 첼로로
연주해야 하는데……
크리스마스 때 공연할 건데
신이라곤 운동화밖에 없잖아요?
악기는 못 사 주니까 구두라도 사 주려고요.

이야기하다 보니 저도 모르게 눈물이 차오르는 만수,
당황한다.

C# 48

48) 만수 시점 – 이미 만수 앞에 다시 온 시조,
덩달아 슬퍼졌다.
틸트다운하면 –

한 켤레 구두.

C# 49

49)
만수
좀 있으면 수업 끝나니까, 와서 직접 고르게
할까 봐요. 몇 시에 문 닫아요?

시조
7시 전에만 오시면 되는데.
만수
어쩌죠, 아이 수업이 7시 전엔 안 끝나요.
시조
한 시간 정도는 정리도 해야 하고⋯⋯
기다리죠, 뭐.

C# 50

50) (씬87 플래시 포워드).
만수 시점 – 만수 차의 디지털 시계가 7시 59분으로
바뀐다.
시조
(소리)
8시!

C# 51

51) **49)연결.** 시선도 못 맞추는 만수, 몸을 돌리려 한다. 시조, 부끄러운 고백 —

시조
저를 통해 구입해 주셔야 수당을 받거든요.

C# 52

52) (씬87 플래시 포워드).
만수 시점 — 사이드미러를 통해 보이는 촛대바위.

C# 53

53) **51)연결.** 만수, 우물쭈물 떠난다.

혼자 남은 시조.

C# 1

1) 사이드미러에 비친 만수, 치통을 참기 위해
어금니로 손수건을 꽉 물었다.
눈은 사이드미러에. 라디오가 8시를 알린 다음,
호우전선이 남하하리라고 전한다.
시동 끄고 비상등을 켜 놓은 채 하차한다.

C# 2-1

2-1) 바다가 내려다보이는 왕복 2차선 도로,
차량 통행이 거의 없다. 회차를 위한 반원형 공간에
주차된 만수의 차.
하차하는 만수, 주위에 명멸하는 비상등 빛.
차 본넷을 열고 뭔가 조작을 한다.
가방에서 손전등을 꺼내 켰다 껐다 해 보는 만수,
엔진 앞에 잘 둔다.
카메라 전진—

초조하게 서성이다가 담뱃갑을 꺼내는 만수,
한 대 물고 불을 붙인다. 깊이 빨아들인다.
머리가 띵- 비틀거린다. 오히려 안정이 안 된다.

취업 훈련 때 배운 기술을 시작한다.

카메라가 충분히 가까이 접근하자 만수가 외는
주문이 들리기 시작한다.
경동맥을 두드리며—

> **만수**
> 어쩔수가없다어쩔수가없다
> 어쩔수가없다어쩔수가없다

C# 2-2

2-2) 멀리 차 한 대가 나타난다.

C# 3

3) 긴장하는 만수, 똑바로 응시한다.
카메라 하강—

에너지드링크 캔에 담배를 버리는 만수의 손.

C# 4-1

4-1) 2) 연결. 만수 몸 너머로, 차가 비상등을
켜면서 공터로 들어와 선다.
주차하는 차 따라 트래킹—

C# 4-2

4-2) 머리를 내미는 운전자, 시조다.
차는 공교롭게도 구형 아반떼.

시조
어? 아…… 한참 기다렸는데.
따님한테 가지도 못하신 거예요?

C# 5

5) **3) 연결.**

만수
견인 불러야겠어요, 엄청 비싸겠지만.
(작은 한숨과 함께)
그럼 구두 살 돈이……

C# 6

6) **4) 연결.** 만수의 말이 끝나기도 전에 비상등
켠 채로 시동 끄는 시조. 문도 안 닫고 하차해,
만수 차로 달려든다.

시조
설비 부서에서부터 잔뼈가 굵어 온
몸이올시다.
게다가 하필 또 정겨운 아반떼!

말하면서 프레임아웃.

돌아보는 만수. 화면 밖 시조를 잠시 지켜본다.

| 밤 | L | 20:00 | 갓길 공터 / 만수 차 |

자동차에 이상이 생긴 것처럼 꾸며 시조를 유인하는 만수

C# 7

7) 이미 손전등을 입에 물고 엔진룸을
들여다보고 있는 시조.

우향 트래킹 —

만수 얼굴이 프레임인된다.
입이 말라붙는다, 땀이 흘러 눈이 따끔거린다.
카메라 하강 —

권총 슬라이드를 당기는 만수 손,
이미 수술 장갑을 꼈다.

C# 8-1

8-1) 시조 뒤로 나타나는 만수.

| 밤 | L | 20:00 | 갓길 공터 / 만수 차 |

자동차에 이상이 생긴 것처럼 꾸며 시조를 유인하는 만수

C# 8-2

8-2) 총을 겨눈다.
올렸다 내렸다 하는 동안 카메라 전진—

시조의 환호성.

시조

에이…· 이거 네!

C# 9

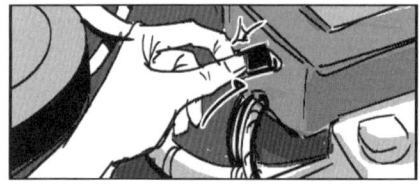

9) 케이블 연결하는 시조 손.

C# 10

10) 허리 펴고 돌아보는 시조.

시조

시동 걸어 보세요!

저를 향해 내민 만수의 권총을 보고 고개 갸우뚱.

C# 11

11) 땀에 흠뻑 젖은 채 덜덜 떨면서 시조를
노려보는 만수.

C# 12

12)　장난이 아니라는 사실을 깨닫는 시조.

C# 13

13)　**11) 연결.** 왼손으로 시조의 눈을 가리는 만수.

C# 14

14)　**12) 연결.** 총구를 시조 가슴에 바짝 대는 만수.

그러나 철컥철컥 헛방아쇠 소리만.

C# 15

15)　**13) 연결.** 당황하는 만수. 안전 장치 생각이 난다.

C# 16

16) **14) 연결.** 안전 장치 레버를 돌리는 만수.

C# 17

17) 시조, 허둥지둥 만수 왼손을 탁 치고 도망간다.

카메라 쪽으로 오다가 총을 맞고 쓰러지면서
프레임아웃한다.

다리가 풀려 주저앉는 만수, 화면 밖 시조를 보지도
못한다. 외면하느라 고개 돌리는 만수.

C# 18

18) 고개 돌려 제 차를 보는 만수.
잠시 프리즈 프레임 된 것처럼 만수의 시간이 멈춘
기분이다.
얼굴에 비상등 불빛.

C# 19

19) 만수 시점 – 만수 차 비상등이 깜빡인다.
초점 이동하면 멀리 시조 차도 비상등.
카메라 전진 –

C# 20

20) 18) 연결. 만수 얼굴을 비추는 비상등 빛이
명멸하는 속도가 느려진다. 음향도 왜곡된다.
카메라 전진 –

C# 21

21) 19) 연결. 카메라 전진 –
만수 차 프레임아웃된다. 두 차의 비상등이
명멸하는 속도가 더 느려진다.

C# 22

22) 20) 연결. 카메라 전진 –
비상등 속도가 더 느려진다.

C# 23

23) 21) 연결. 카메라 전진 –
비상등 속도가 더 느려지다가 결국 멈춘다.
켜진 상태로.

C# 24

24) **22) 연결**. 만수 얼굴, 비상등 켜진 상태.
카메라 멈춘다.

C# 25

25) **23) 연결**. 비상등이 천천히 꺼진다.
꺼지는 중에 컷.

C# 26

26) **24) 연결**. 비상등이 천천히 꺼진다.
만수 얼굴이 어두워진다.

C# 27

27) 만수가 떨어뜨린 권총, 총구에서 연기가
피어오르고 있다. 비상등이 다시 켜진다. 정상 속도.
[그래, 걷자]가 시작된다.

C# 28

28) **26) 연결**. 정신 차리는 만수,
일어서며 프레임아웃.

C# 29

29) 제 차 트렁크를 여는 만수.

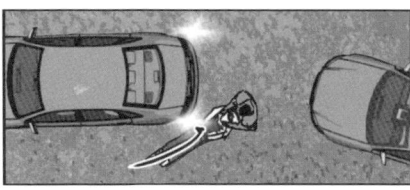

시신을 끌고 와 싣는다.

C# 30

30) 시조 차 안에 위치한 카메라.
방수포 위에 올려놓은 시체의 다리 한쪽을 트렁크
안으로 밀어 넣고, 그 위로 방수포를 더 덮는 만수.
트렁크를 닫으려고 손을 대는 순간 전화벨 소리
듣고 돌아본다.

제대로 보지도 않고 허둥지둥 트렁크를
닫고, 이쪽으로 오는 만수를 따라 패닝—

운전석 문을 열고 들여다보는 만수.

C# 31

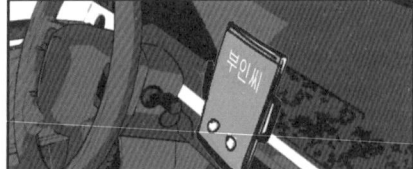

31) 만수 시점 – 시조 휴대전화. 발신자 이름이 하필 '부인씨'.

C# 32

32) **30) 연결.** 저장된 이름에 찡그리는 만수.

블랙박스를 뜯어낸다.

C# 33-1

33-1) 시조 차 비상등 끄는 만수.

제 차의 본넷을 닫는다.

C# 33-2

33-2) 차에 타고 출발한다.

유턴해서 촛대바위로.

땅바닥에 떨어진 탄피로 초점 이동.

C# 1

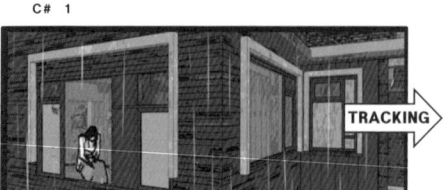

1)　비 온다. 2층 부부 침실이 환하다.
창밖에서 본 모습 – 잠옷 입고 청소기를 돌리다
멈춰 서서 멍하니 바닥을 응시하는 미리.
시원 방 창 열리는 소리에 카메라 패닝하면 –

우비 입고 커다란 – 그러나 빈 – 등산 배낭을 멘
시원이 몰래 나온다. 집 뒤로 돌아 사라지는 시원.

C# 2

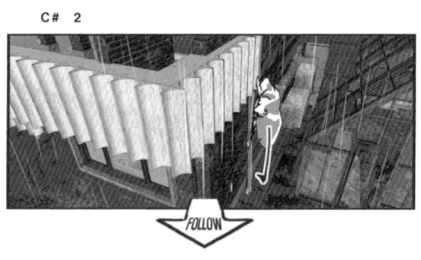

2)　배수 파이프를 타고 내려오는 시원이
프레임인된다.

착지하고 벽에 기대 둔 자전거를 타고 출발하는
시원을 내려다보는 카메라.

C# 1

1) 모퉁이 돌아 달려오는 시원…

끼익 멈춰 선 시원이 (카메라 뒤) 동호를 향해
씩 웃는다.

C# 2-1

2-1) 리버스. 노란 우비 소년이 마스크를 내려
미소로 답하는데, 친구 동호다.
프레임아웃하는 동호.

(화면 밖에서 유턴해) 프레임인하는 동호.

PAN

C# 2-2

2-2) 멀어지는 동호.

시원, 쫓아간다.

C# 3

3) 후진하는 카메라, 시원을 데리고 달린다.

이내 동호가 프레임인된다. 나란히 달리는 두 친구.
동호가 다시 속도를 내 프레임에서 빠져나간다.

시원, 질세라 힘껏 페달을 밟는다.

C# 1

1) 비가 안 오는 고장. 달려오는 차. (리킹)
영혼이 빠져나간 얼굴로 운전하는 만수.

C# 2

2) 라디오 볼륨 올리는 만수 손. 김창완 목소리가
커진다.

C# 3

3) 카메라 후진 / 하강하면 −

트렁크에 끼인 방수포 자락.

C# 1

1)   두리번두리번 주위 살피는 시원.
트래킹—

뒷문에 달린 도어록의 비밀번호를 누르는 동호가
프레임인된다.

C# 2

2)   불 꺼진 맞은편 가게 안에서 본 모습.
두리번두리번 옆에서 망보는 시원.

C# 1

1)   길 건너편 매장의 – 빗물이 흘러내리는 –
쇼윈도를 통해 보이는 휴대전화 판매점 전경.
벌집 모양 웨이브 셔터 너머 휴대전화 판매점.
뒷문이 열리고 헤드 랜턴 빛 두 개가 들어온다.
시원과 동호가 매장 안 창고로 들어간다.

초점이 앞으로 이동 중에 컷.

C# 1

1) 운전하는 만수의 시점 – 초점이 멀리서
앞 유리로 옮겨 온다.

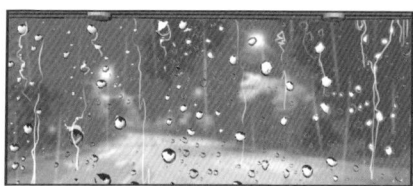

빗방울이 떨어지기 시작한다.

와이퍼를 작동시키는 만수.

C# 2

2) 와이퍼 너머 만수.

C# 1

1) 강한 비바람. 경찰차 경광등.
사이렌을 울리며 달린다.

C# 2

2) 자전거 후미등을 따라가다가 상승하는 카메라.

불룩한 배낭 때문에 시원의 우비가 부풀었다.
우비를 물들이는 경광등 빛.

C# 3

3) 동호가 시원을 본다.

C# 4

4) 시원, 동호와 눈빛을 교환한다.

349

C# 5

5) 시원과 동호가 갈라진다.

경찰차는 동호를 따른다.

C# 6

6) 달리는 시원⋯⋯

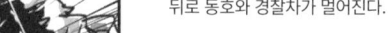

뒤로 동호와 경찰차가 멀어진다.

C# 1

1) 어두운 창에 비. 시원이 쑥 나타난다.

창을 확 열고 기어들어오는 시원.

C# 2

2) 같은 방향. (B 카메라로 C# 1과 동시에 촬영)
들어오는 시원, 우비 벗고 배낭을 팽개친다.

침대에서 이불을 확 잡아당기는 시원.

C# 3-1

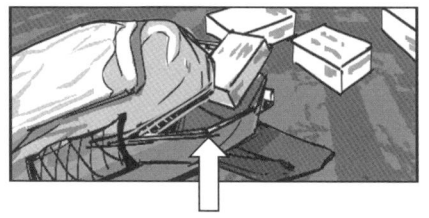

3-1) 배낭에서 몇 개 바닥으로 쏟아진 휴대전화 상자들.
틸트업하면—

C# 3-2

3-2) 이불 뒤집어쓰고 헐떡거리는 시원.
뒤로 초점 이동하면 —

비 맞는 창. 창유리를 때리는 세찬 빗소리.

C# 1-1

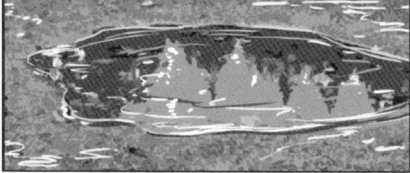

1-1) 빗소리가 뚝 멎었다.
빗물 웅덩이, 수면이 고요하다.

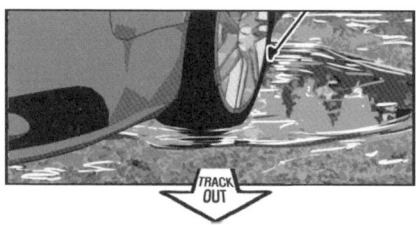

만수 차가 와서 밟는다.

만수가 내려 걸어온다.
카메라, 후진하여―

대문을 지나 마당으로 들어온다.
만수 손이 대문을 잡을 때 붐업―

왜 열려 있는지 의아해하는 만수, 갸우뚱한다.
카메라, 멈추지 않고 계속 후진―

C# 1-2

1-2) 만수, 대문을 잘 잠그고....

집을 향해 걸어오면서 프레임아웃한다.

C# 1

1) 만수 시점 – 집의 벽 앞에 아무렇게나 팽개쳐진 시원의 자전거.

C# 2

2) 만수 시점 – 진흙이 잔뜩 엉겨붙은 광폭 타이어.

C# 3

3) 갸우뚱하는 만수, 이제 일을 할 시간.
집과 담을 둘러보면서 본채와의 거리를 가늠해 본다.

매장할 위치를 찾으려 여긴가 저긴가 하며 두세 차례 옮겨 다니다가….

한 귀퉁이를 골라 자리를 잡는다. 삽질 개시.

C# 4

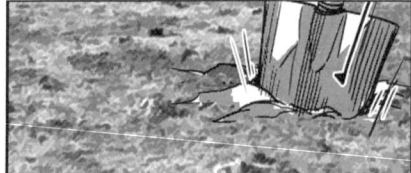

4) 젖은 흙을 푹 떠내는 삽.

디졸브—

C# 1

1)   긴 디졸브−
엎드려 자는 미리, 뒤척인다. 머리카락이 씬97의
마지막 숏 삽질에 떠밀리는 것처럼 보인다.

C# 1

1)　매직아워.
만수, 쉼 없이 삽질하다가 —

멈추고 하품.
카메라 전진 —
만수 프레임아웃시키면서 틸트업 —

별빛이 스러진 하늘, 희붐하다.
디졸브 —

C# 1

1)　매직아워. 디졸브. 창밖이 희붐하다.
초점 이동하면―

잠자는 리원.

C# 1

1) 지칠 대로 지친 만수.
아침노을 배경. (VFX)

만수, 다리가 풀려 고꾸라진다.

꽤 깊어진 구덩이에 떨어졌다가 벌떡 일어나 나온다.
또 땅을 판다.

동틀녘 | S | 06:50 | 시원 방

잠자는 시원

C# 1

1) 잠자는 시원.

C# 1

1)   구덩이 안에서 본 로우앵글.

삽질을 멈추고 내려와 눕는 만수.

C# 2

2)   만수 시점 – 어느새 하늘이 훤하다.

시계 찬 손이 프레임에 들어온다.
곧 식구들이 깰 텐데 구덩이는 충분히 깊지 않다.

C# 3

3) 이만하면 시체가 들어갈 수 있지 않을까 기대하면서 자세를 이리저리 바꿔 보다가…

나와서 다시 땅을 파려고 하는 만수.
너무 피곤해서 동작이 느려지고 헛발질.

숟가락만큼밖에 못 퍼낸다.

또 앉는다. 파서 쌓아 놓은 흙더미에 머리를 기대는 만수.

C# 4

4) 하이앵글.
못 견디게 피곤하다. 새벽닭이 운다.
한숨 쉬며 눈 감는 만수. 눈 뜨려고 안간힘을 쓰지만 금방 도로 감긴다.
[그래, 걷자] 페이드아웃.

C# 1-1

1-1) 자는 만수 얼굴이 흔들린다.

> **미리**
> (소리)
> 여보!

잠 깨는 만수.
대각선으로 틸트업―

미리가 만수 몸을 흔들고 있다. 걱정과 짜증 가득한
표정.

> **미리**
> 경찰이 왔어.

벌떡 일어나 앉는 만수.
호형 트래킹―

창밖을 가리키는 미리. 돌아보는 만수.

미리가 가리키는 방향 ― 마당에 서서 이쪽을
들여다보는 경찰 두 명이 창 너머로 보인다.
카메라 후진―

일어서는 만수, 미리를 끌어안는다.
올 것이 왔다고 생각한다. 무수히 상상했던
상황이라 오히려 차분해진다.

> **만수**
> 여보‥‥ 절대 당황하지 마, 알았지?

C# 1-2

1-2) 미리, 경황이 없어 만수를 밀쳐 낸다.

미리
옷 갈아입어야 돼.

2층으로 올라가는 미리.

창 보고 서는 만수.
만수 등을 향해 전진하는 카메라.

등판에 온통 말라붙은 흙.

경찰에 연행되는 시원, 상황 파악을 하는 만수

C# 1

1) 수갑 차려고 팔을 모으고 나오는 만수.

만수
서에 가서 다 말씀드리겠습니다. 다 제가……

울상이 된 미리가 리원의 손을 잡고 시무룩한
시원을 데리고 나온다. 경찰들, 만수를 지나쳐
시원에게 가서 팔을 잡는다.

경찰 1
(만수에게)
뭐라구 하셨죠?

C# 2

2) 리버스. 만수, 화면 밖 경찰들이 시원의 팔을
붙잡는 것을 지켜보며—

만수
……제가 애비 노릇을 잘 못해서……

시원을 연행하는 경찰들과 미리, 리원이 프레임
인해서 만수를 지나쳐 가면, 만수의 시선은
자신을 지나쳐 간 사람들의 뒷모습을 보다가……

마당에 파 놓은 구덩이를 돌아본다. 걱정스러운 만수.

경찰에 연행되는 시원, 상황 파악을 하는 만수

C# 3

3) 만수 시점 – 파다 만 구덩이, 구덩이 바닥에 꽂아 둔 삽의 손잡이 부분.

C# 4

4) **2)연결**. 따라가는 만수.

C# 5

5) 만수, 걷다가 뭔가 발견하고 놀란다.

C# 6

6) 만수 시점 – 제 차 트렁크 문에 끼인 방수포 자락.

C# 1

1) 약간 로우앵글. 시원을 태운 경찰차가
출발하면, 만수 식구들이 보인다.

미리, 리원을 뒷자리에 태우고 있다. 차 트렁크를
의식하며 경직되는 만수, 트렁크 앞에 가리고 서서
차 키로 턱을 긁는다.

C# 2

2) 미리, 답답해서―

　　　　　미리
뭐 해? 당황하지 말라며.

C# 3

3) 어찌할 바를 모르는 만수.

C# 4-1

4-1) 2) **연결**. 만수가 우물쭈물거리기만 하자
급한 마음에 다가와서 차 키를 빼앗아 가는 미리.

SETUP 4 | 시원이 탄 경찰차를 쫓아가기 위해 차로 향하는 식구들

C# 4-2

4-2) 미리, 운전석에 타 시동을 건다.

만수가 리원 옆자리에 타자마자 붕— 출발.

C# 5

5) 차, 멀어진다.

C# 1

1) 뒤에 시체는 실었지, 아들은 경찰에 실려 가지
만수는 정신이 하나도 없다.
전화 신호 연결음.

C# 2

2) 휴대전화를 들여다보며 운전하는 미리.

미리
동호 엄마가 일부러 안 받나?
동호 개는 치사하게 친구한테 뒤집어씌워?
먼저 하자 그랬을 리가 없잖아,
우리 시원이가……
동호 아빠 가겐데 동호가 먼저 털자고 했겠지,
당연한 거 아냐?

C# 3

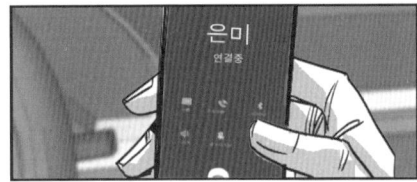

3) 미리, 전화를 다시 건다.

C# 4

4) 1) 연결. 반응 안 하는 만수.

C# 5-1

5-1) 룸미러에 비친 미리, 남편 반응을 기다린다.
앞에는 경찰차.

C# 5-2

5-2) 잠시 운전만 하던 미리가 갑자기
핵 돌아보며―

미리
다 당신 때문이야.

C# 6

6)　　4) **연결**. 억울하지만 가만있는 만수.

C# 7

7)　　리깅된 카메라. 과속 방지 턱을 넘어가는
아반떼.

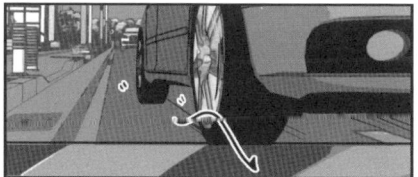

미리, 감속하지 않고 넘어간다.

C# 8-1

8-1) 뒷바퀴가 방지 턱을 넘어갈 때 만수 머리가
위로 솟구쳤다….

C# 8-2

8-2) 내려간다.

C# 9

9) 멍청이같이 '어어!' 외마디 소리를 내며
트렁크를 돌아보는 만수, 식은땀이 난다.

C# 10

10) 리원, 귀 막고 소리 지른다.

> **미리**
> 미안 미안…… 어쩔 수 없었어,
> 오빠 안 놓치려면.

만수, 리원을 끌어안고 다독이며─

> **만수**
> 미안해, 미안해. 괜찮아, 리원아.
> 아빠가 다 생각이 있어, 걱정 마.
> 오빠 아무 일 없을 거야.

미리가 화면 중심에 오도록 카메라 트래킹.

C# 11

11) 미리 시점 – 경찰차 뒷자리에서 돌아보는 시원.

C# 12

12) 6) 연결.

미리

(소리)

혼자 얼마나 외롭고 무서울까.

C# 1

1) 주차장 쪽 계단을 오른 만수, 뛰어온다.

> **만수**
> 잠깐만요! 저기요!

카메라 패닝—

계단 올라가던 경찰 둘과 시원, 멈춰 서 만수를 돌아보고 있다.

> **만수**
> (올려다보며)
> 애 엄마 금방 주차하고 오는데
> 같이 들어가면 안 될까요?

카메라 붐업—

끄덕끄덕하더니 계단 맨 위에 가 기다리는 경찰들. 계단에 길게 드리워진 그림자.

마저 올라가는 만수, 시원의 어깨를 감싸고—

> **만수**
> 동호가 지네 아빠 비밀번호를 알아낸 담에
> 널 끌어들였어, 맞지?

C# 2

2) 당황하는 시원.

> **시원**
> 동호가?

C# 3

3)　부릅뜬 만수의 눈에 선 핏발이 그의 의도를
명확히 한다.

C# 4

4)　**2) 연결.** 시원, 눈치채지만 아직 겁먹었다.

시원
동호가 왜 날 끌어들였어요?

C# 5

5)　**3) 연결.**

만수
있잖아……
혼자서 범죄를 저지른다는 건
굉장히 외롭고 무서울 수 있거든.
아빤 그럴 거 같아.

카메라, 좌향 이동해서 라인 넘어간다.

시원
아 —
만수
(얼굴을 바짝 붙이고)
아빠가 넌 절대 외롭게 두지 않을 거야.
그러려면 니 협조가 필요해, 우린 한 팀이니까.

C# 6-1

6-1)　불끈 주먹을 내밀지만 딴생각하느라
못 보는 시원. 멋쩍어진 만수, 슬그머니 손을 내린다.
멀리서 올라오는 미리와 리원, 손을 잡고 온다.

시원
하지만 솔직히, 먼저 하자고 한 건……

C# 6-2

6-2) 재빨리 시원의 머리통을 꽉 잡는 만수,
잡아당겨 이마끼리 맞댄다. 너무 힘을 줘서 쾅
부딪힌다. 시원, 아프지만 참는다. 만수, 아들을
똑바로 보며 조용하지만 단호한 톤으로 속삭인다.
가끔 치통 때문에 찡그리기는 하지만.
카메라 하강해서 아이레벨로.

만수

잘 들어…… 안 그래도 요즘
우리 가족은 전쟁 중이야.

시원

엉?

만수

아니, 우리끼리 싸운단 소리가 아니고……
(그제서야 알아듣는 시원, 끄덕끄덕)
너하고 나, 우린 이 전쟁에서
여자들을 지켜야 해, 그렇지?

7) B 카메라 – 망원렌즈로 시원 클로즈업.
시원, 끄덕끄덕.

C# 7

C# 8

8) 6) 연결.

만수

니가 소년원에 끌려가면 엄만 무너질 거야.
(시원, 끄덕끄덕)
할아버지 권총 알지?

C# 9

9) 7) 연결. B 카메라 – 망원렌즈로 시원 클로즈업.
시원, 끄덕끄덕.

C# 10

10) 8)연결.

만수
(만수, 또박또박)
할아버진, 죽은 베트콩의 손가락을
억지로 펴서, 총을 빼 왔어. 왜 그랬게?
(시원, 도리도리)
먼저 쏘지 않았으면 적이 그 권총으로
자기를 쐈을 거라는 사실, 그걸 잊지 않으려고.
(잘 알아들었나 확인하려는 듯 눈을 빤히 들여다보며)
뭔 소린지 알지?

머리통을 놓아주는 만수.
바로 뒤에서 다 듣고 있는 엄마를 돌아보는 시원.
아들을 향해 고개를 끄덕이는 미리.

시원
근데 아빠⋯⋯
만수
그래 말해 봐, 뭐든지.
시원
술 마신 거 아니지?

아이는 지금 겁내고 있다.
죄책감에 휩싸이는 만수⋯⋯
증명해 보이듯 시원 얼굴에 대고 숨을 후- 분다.

SETUP 2 아들을 지키기 위해 전략을 짜는 미리

C# 1

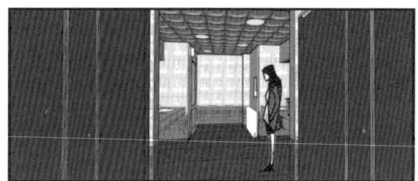

1) 한쪽 세면대에 기대선 미리.

C# 2

2) 근경에 실물 미리의 뒤통수. 포커스는 멀리
거울에. 리원이 소변보는 소리가 들리기 시작한다.
미리가 재킷 벗는 중에 들리는 —

리원
(소리)
술 마신 거 아니지?
미리
(스웨터 안으로 손을 넣으며)
아니야.

근경으로 포커스 이동 중에 컷.

C# 1

1)   빠른 디졸브.
숏이 시작되면 근경, 즉 실물 만수에 포커스 도착.
허리에 두 손을 얹고는, 치통을 견딘다.

손을 내려다보는 만수.

C# 2

2)   만수 시점 – 진통제 클로즈업. 빨간색 알약이
든 블리스터 포장에 힘을 주어 탁!

C# 3

3)   **1) 연결.** 진통제를 입에 넣는 만수.
생수병에 든 물을 마시는 동안 거울로 초점 이동.
줌인—

C# 1

1)　　씬109 C# 2와 같은 방향이지만
더 가까운 사이즈. 씬110 C# 3과 똑같은 앵글 / 사이즈.
줌인—

거울 속 미리, 반소매 터틀넥 스웨터에 손을 넣어
브래지어를 벗는다.

C# 1

1) **씬111과 똑같은 앵글 / 사이즈.**
허리에 손을 얹은 만수, 턱을 한껏 치켜들고 입으로는
대사를 외우는 배우처럼 뭔가 웅얼웅얼한다.

C# 2

2) 세면대에 올려 둔 핸드백에 브래지어를 넣는 미리.
물 내리는 소리에 이어 – 거울을 통해 보이는 –
리원이 나온다. 하품을 한다.

아이를 번쩍 안아서 기울여 주는 미리, 허공에 뜬 채
손을 씻는 리원.

C# 3

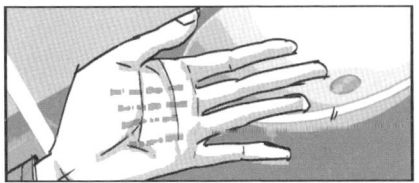

3) 만수 시점 – 손바닥이 글자들로 시뻘겋다.

C# 4

4) **1)연결.** 손을 내려다보는 만수.

C# 1

1) 아반떼에서 자는 리원.
틸트업하면—

멀찍이 그늘진 구석에 서서 미리와 원노가 대화
중이다. 담배를 무는 원노, 라이터를 켠다.

C# 2

2) 미리의 긴장한 표정.

원노
(소리)
동호 말이, 시원이가 훔친 물건 팔아서
엄마 돕겠다고 했대요.

원노 대사 중에 카메라 후진 시작—
담배 연기가 프레임인.
원노 옆모습이 프레임인된다 (담배를 피우느라
옆으로 섰다).
내심 충격 받지만 감추는 미리.

미리
동호 아빠 가게잖아요.
없던 일로 하죠, 우리.

C# 3-1

3-1) 원노가 코웃음 치자 미리 결심한 대로 재킷을
벗는 미리.

C# 3-2

3-2) 돌아보고 당황하는 원노, 미리의 타이트한 터틀넥 스웨터의 젖꼭지 부분에 눈길을 준다.

C# 4

4) 얇고 타이트한 스웨터만 입고 선 미리의 당당한 표정, 담담하게―

미리
동호 아빠가 합의 안 해 주면 징역 일 년이래요.
아이가 그렇게 되게 둘 순 없잖아요,
엄마가 돼가지고. 안 그래요?

C# 5

5) **3) 연결.** 미리의 눈과 가슴을 번갈아 보는 원노.

C# 6

6) **4) 연결.** 미리 뒤에서 성큼성큼 오는 만수.

C# 7

7) **5) 연결.** 미리에게 귀띔해 주듯 손을 들고 만수에게―

원노
어, 만수.

C# 8

8) 6) **연결.** 팔짱을 끼면서 가슴을 가리는 미리를
지나쳐 가는 만수.

만수
한 대 줘.

카메라 후진―

미리 옆, 그러나 미리보다 한 발 앞에 서는 만수.
몸 돌려 똑바로 마주 서는 원노,
담배와 라이터를 건넨다.
미리, 오고 가는 담배와 라이터를 보며 기가 막혀―

미리
뭐야, 왜 이래?

만수
(돌아보며)
응, 다시 피우게 됐어.
근데 여보, 내가 친구하고 잠깐
얘기 좀 해도 될까?

미리, 은근히 강압적인 이 말투와 뻔뻔하게 담배
피우는 태도가 맘에 안 든다.
그렇지만 아무렇지도 않은 척―

미리
그냥 해~ 괜찮죠, 동호 아빠?

C# 9

9) 만수, 당황해서 아내를 돌아본다.

C# 10

10) 만수, 도와 달라는 눈빛으로 원노를 돌아본다.

C# 11

11) 만수 너머 원노.
미리 눈치 보면서 눈만 끔뻑이는 원노.

C# 12

12) 8) 연결. 팔짱을 푸는 미리, 한 손을 허리에
얹은 채 어깨를 쫙 펴고 원노를 똑바로 응시한다.

C# 13

13) 11) 연결. 아직 죄도 짓지 않았는데
괜히 만수 앞에서 위축되는 원노. 잠깐 정적.

C# 14

14) 12) 연결. 결국 아내 앞에서 해결하기로
결심하는 만수. 표정이 바뀐다. 말투도 달라졌다.

만수
동호가 시원이를 살인늘었어,
동호는 그렇게 진술할 거야,
시원이는 옆에 있기만 했어.

C# 15

15) 원노, "뭐?"라고 물으려고 하지만 쉬지 않고
말을 잇는 만수의 기세에 밀린다.

C# 16

16) 원노 시점 – 만수와 미리.

만수
동호가 가게 씨씨티비는 껐어도
경보 시스템도 꺼야 한다는 건 몰랐지.
네가 밤에 가게를, 여자들 데려와서
떡치는 장소로 만든 걸
니 와이프가 알면 어떻게 될까?

혐오감을 숨기지 않는 만수 표정에서 초점 이동 –

구역질을 참는 미리.

만수
니가 하도 자랑하고 다녀서 동네 남자들은
다 알고 있다는 그 사실까지 알면?

다시 만수로 초점 이동.

C# 17

17) **13) 연결.** 다가오는 원노.

원노
이 실업자 쓰레기 새끼,
아유…… 요 좆만한 게……

주먹을 치켜드는 원노.

C# 18-1

18-1) 미리 시점 – 주먹을 내리지도 휘두르지도
못한 채 부들부들 떠는 원노.
만수에게 패닝 –

C# 18-2

18-2) 원노를 침착하게 올려다보는 만수.

C# 19

19) 긴장하는 미리.

C# 20

20) 평온한 만수.

　　　　　만수
　그리구 너, 내 집 사지 마.

C# 21

21) 19) **연결**. 조금 웃는 미리, 만수가
믿음직스럽다.

C# 22-1

22-1) 20) **연결**. 답도 안 기다리고 떠나는 만수.

　　　　　만수
　(들릴 듯 말 듯, 화면 밖 소리)
　　씨발놈아‥‥

C# 22-2

22-2) 만수 자리에 들어오는 미리.

미리

사지 마세요.

프레임아웃.

C# 23

23) 17) 연결. 주먹을 부들부들 떠는 원노.

C# 1

1) 창 너머로 보이는 만수, 시원 책상과 책장을 밟고 올라선다. 아래 서서 지켜보는 미리.

C# 2

2) 다락 안에서 본 앵글. 문이 열리면서 빛이 들어온다.

만수가 들여다보고 한숨 쉰다.

손을 뻗어 휴대전화 상자들을 끌어낸다.

C# 3

3) 상자를 받아드는 미리.

시원이 숨겨 놓은 휴대전화 상자들을 수거하는 부부

C# 4

4)   한숨 쉬는 미리.

C# 5

5)   **2) 연결.** 상자 몇 개를 꺼내자 드러나는 담배와 라이터. 기막혀하는 만수.

C# 1

1)   쪼그리고 앉아 내려다보는 미리.

미리
(올려다보며)
안 돌려줘도 되나?

C# 2

2)   B 카메라 동시에 ─ 만수도 앉는다. 땀투성이
얼굴. 아내를 보며 ─

만수
없던 일로 만들자.
어차피 이원노는 다 덮을 수밖에 없어.

C# 3

3)   1) **연결**. 끄덕이는 미리.

C# 4

4)   2) **연결**. 만수, 호미 장갑을 낀다.

C# 5-1

5-1) 구덩이에 가득 든 휴대전화 상자들.
호미 장갑으로 흙을 끌어내리는 만수의 손.
미리의 손이 들어와 거든다.

C# 5-2

5-2） 만수, 장갑 한 짝을 벗어 건넨다.
장갑 끼고 일하는 미리.

네 손이 바쁘게 움직인다.

C# 6

6） 　3） **연결**. 일하면서 남편을 보는 미리,
믿음직스럽다.

C# 7

7） 　석양을 받으며 일하는 부부.

C# 1

1) 경찰서 건물에서 나오는 만수네 네 식구.
시원은 짧은 수염이 났고, 찌푸린 미간은 그를
더 어른 같아 보이게 한다.

미리
어땠어, 유치장 경험? 평생 못 잊겠지?
(끄덕이는 시원)
왜 동호는 집에 가고
너만 유치장에서 자는지 궁금했지?
(끄덕이는 시원)
아빠가 경찰에 부탁했거 든.
너한테 평생 못 잊을 교훈을 주고 싶다고.
(헐! 멈춰 서는 시원, 한숨)
동호는 정말 안됐다,
걘 너처럼 훌륭한 아빠를 못 됐어.

멋진 아빠 표정을 지으며 시원 머리를 쓰다듬는 만수.

C# 2

2) 차에 타는 가족.
카메라 호형 트래킹해서 차 꽁무니를 본다.

트렁크 문에 끼어 있던 방수포 자락이 사라졌다.
차, 출발.

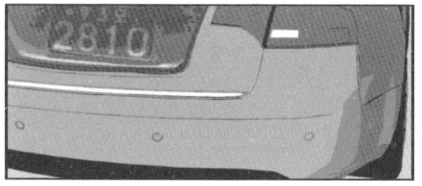

떠나는 아반떼.

C# 1

1) 유리 장식장 앞에 선 시원, 두부 접시를 들었다.

두 걸음 다가오면서 초점이 맞는다.

C# 2

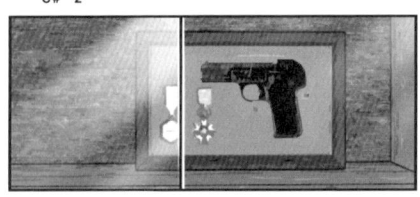

2) 시원 시점 – 장식장 안 할아버지 권총과 할아버지 사진.

C# 3

3) **1)연결.** 포크로 두부를 크게 한 입 넣고 씹으면서 권총을 비롯한 할아버지 유품들을 유심히 본다. 플라스틱 총인지 눈치 못 챈다.

C# 1

1)   온실. 테이블 아래 구석에 방수포로 덮어 놓은
시조 시체를 훑어가는 카메라.
리원이 피치카토 연습하는 소리가 들린다.

C# 2

2)   피치카토 연습하는 리원.
선율도 없이 퉁, 퉁, 퉁···
근경에는 만화책 읽으면서 가끔 딸을 돌아보는 미리.

만수
똥오줌 갖고 거름 만드는 거 알지?
더러운 것 위에서···

틸트다운해서―
정원을 내려다보는 카메라.
사과나무 묘목에 물 주는 시원. 쪼그리고 앉아
지켜보는 만수. 옆에는 커다란 또 하나의 구덩이.

만수
···맛있는 게 자란다 이거야.

C# 3

3)   해를 정면으로 보기 힘들어 눈을 찌푸린 만수.

만수
(앞에 선 시원을 올려다보며)
이피 얼리면 쌤 만늘어 먹자.

C# 4-1

4-1)   만수 시점 ― 시원.

C# 4-2

4-2) 시원이 조금 옆으로 움직여 해를 막아 준다.
실루엣 시원.

> **시원**
> 할아버지 얘기 진짜야? 집에서 목맸어?

C# 5

5) **3)연결.** 고민하다가 타운하우스 단지 쪽을
가리키는 만수.

> **만수**
> 할아버지 돼지 농장 알지?
> 전염병이 돌아서 할아버지가 다 죽여야 했대,
> 이만 마리를.

C# 6

6) **4)연결.** 규모에 놀라 입이 딱 벌어지는 시원.

> **시원**
> 어떻게?

C# 7

7) **5)연결.**

> **만수**
> 묻었지, 산 채로.

C# 8

8) **6)연결.** 끔찍한 상상을 하는 시원.

C# 9

9)　7) **연결**. 아들 얼굴을 보고 재빨리 가벼운 투로
바꾸는 만수.

만수
원래 좀 불안정하셨어.
월남전 다녀와서부터 그랬대.
창고에서 목⋯⋯ 그거 했다는데 난 못 봤어.

C# 10

10)　8) **연결**. 끄덕이는 시원.

C# 11-1

11-1) 크게 다리 벌려 게걸음하는 만수를 따라
패닝—

시원 가까이 가서 위를 향해 손짓하는 만수.

시원이 앉는다. 가까이 오라고 또 손짓하는 만수.
게걸음으로 가까이 오는 시원.

C# 11-2

11-2) 멀리 배경으로 보이는 미리를 슬쩍
돌아보는 만수, 주머니에서 담배와 라이터를
꺼내 시원에게 건넨다.

> **만수**
> 엄만 몰라.

놀라서 만수를 보는 시원,
저도 모르게 미리를 힐끔 돌아보려고 한다.

> **만수**
> 보지 마, 보지 마.
> **시원**
> (기어들어가는 소리로)
> 끊었는데.

만수, 멋진 아빠 미소.

> **만수**
> 네가 직접 버려.

어른 대접 받아 고마운 시원, 만수가 주먹을
내밀자 주먹을 들어 맞부딪힌다.

담배를 주머니에 넣는 시원. 만수의 전화가 울린다.

C# 12

12) B 카메라 동시에 – 저장되지 않은 번호를 읽고
갸우뚱하는 만수.

| 낮 | S | 15:00 | 거실 / 식당 |

만수를 찾아와 심문하는 형사들

C# 1

1) 식탁 의자에 앉으면서 프레임인하는 미리,
불안한 표정으로 거실을 건너다본다.

C# 2

2) 미리 시점 – 태블릿 PC 보는 만수의 뒷모습
너머 두 형사.
(큰 탁자 없어진 자리에 놓인) 야외용 플라스틱 탁자.
게다가 커튼과 벽걸이 TV, 일인용 소파마저 팔려 나가
공간이 더 넓어 보인다.

C# 3

3) 두리번거리며 집 구경하는 중년 형사.

C# 4

4) 중년 형사 시점 – 벽걸이 TV 없어진 자리에
삐져나온 전선.

C# 5

5) 만수, 실종자 사진을 보면서 터질 것 같은
심장을 진정시킨다.

C# 6

6)   만수 시점 – 태블릿 PC에 뜬 시조와 범모 사진.

젊은 형사
(소리)
[파피루스] 면접 보셨죠?

틸트업하면 –

두 형사.
등받이에 기대앉아 집 구경하는 중년 형사.

C# 7

7)   5) 연결.

만수
떨어졌죠.

C# 8

8)   6) 연결.

젊은 형사
고시조란 이름 들어 보셨어요?

C# 9

9)   7) 연결. 상대가 말을 채 맺기도 전에 –

만수
첨 들어 봅니다.

C# 10

10)　8) 연결. 젊은 형사의 눈썹이 살짝 동요한다.
중년 형사, 만수를 돌아본다.

C# 11

11)　9) 연결. 만수, 너무 빨리 답했나 싶어 아차!

C# 12

12)　10) 연결. 수첩에 만수 말을 적는 젊은 형사.

젊은 형사
첨 들어 본다.
생각도 안 해 보고 아시네요?
⋯⋯구범모 씨는요?

C# 13

13)　이번에는 곰곰 생각하는 척하는 만수,
시간을 들이더니 절레절레.

젊은 형사
(소리)
면접 본 분들을 찾아뵙고 있는데요,
뭐 특별한 일 없으셨습니까?
위험을 느꼈다거나.

반문하는 눈빛을 연기하는 만수.
젊은 형사, 선배를 돌아본다.

C# 14

14)　드디어 입을 여는 중년 형사.

중년 형사
그 두 분이 사라지셨거든요.

C# 15

15) 13) 연결.

만수
어떻게 생각하실지 모르겠지만 말씀 중에
두 사람이 죽었다는 얘기보다,
저는…… 결국 그래서 누가 합격됐을까……
그 사람은 얼마나 좋을까……
그런 생각이…… 죄송합니다.

C# 16

반응을 살피는 만수.

16) 14) 연결. 빤히 보던 중년 형사, 갑자기−

중년 형사
두 분이 사라졌다고 했는데?

C# 17

17) 만수 얼굴이 굳는다.

C# 18

18) 16) 연결. 중년 형사, 젊은 형사에게−

중년 형사
줘 봐.

중년 형사
(젊은 형사가 건넨 수첩을 들여다보며)
그랬는데 유 선생님은 방금 두 사람이 죽었다,
그러셨거든요. 왜 죽었다고 생각하시죠?

C# 19

19) 1) 연결. 남편을 보는 미리.

C# 20

20) 15) 연결. 머뭇거리다 답하는 만수.

만수
그야 뭐····
요즘 세상에 사라졌으면 대부분 뭐····

우물우물 마무리도 못 한다.

C# 21

21) 만수 시점 – 중년 형사, 납득했다는 표시도 없이 만수를 빤히 보기만 하다가 후배에게 어서 적으라고 손짓한다.
젊은 형사를 향해 패닝 –

젊은 형사
(적으며)
요즘 세상에 사라졌으면
대부분 뭐····

수첩 든 손으로 틸트다운.

C# 22

22) 17) 연결. 침 꼴깍 삼키는 만수.

중년 형사
(소리)
고시조 씨 부인이
실종 신고를 했는데⋯⋯

C# 23

23) 12) 연결.
중년 형사
⋯⋯폰 추적해서 가 보니까
차만 덩그러니 있더라구요.
젊은 형사
직장 짤리고 굉장히 우울해하셨대요,
빚도 많고. 그래서 극단적 선택을 하셨나 해서
막 테트라포드 다 수색하고⋯⋯

C# 24

24) 22) 연결. 충분히 이해된다는 마음을 표현하는
만수의 끄덕임. 이 방향이 좋은 탈출구가 되어 줄 것 같다.

C# 25

25) 만수를 보며 말하는 중년 형사.

중년 형사
전화기는 한 사람의 인생을 담고 있죠, 그죠?
누구와 통화했느냐, 그리고 때로는⋯⋯
누구와 통화를 못 했느냐.

붐다운 중에 컷.

C# 1

1) 붐다운 중에 시작. 로우앵글로, 전화기 내려다보는 중년 형사.

젊은 형사
(소리)
부재 중 전화.

C# 2

2) 지퍼백에 든 시조의 전화기.

중년 형사
(소리)
같은 번호에서 걸려 온⋯⋯

C# 3

3) 부재중 전화 9통

중년 형사
(소리)
⋯⋯아홉 개의 부재 중 전화.

한참 들여다보고 있는데⋯

전화가 걸려 온다.

C# 4-1

4-1) 1)연결. 중년 형사, 화들짝.

중년 형사
아이 깜짝이야.

젊은 형사, 프레임인한다.

젊은 형사
어, 그 번호다! 부재 중.

C# 4-2

4-2) 라텍스 장갑 낀 손으로 지퍼백에서 전화기를
꺼내는 중년 형사, 스피커폰으로 전화 받는다.

중년 형사
네.

C# 5

5) [파피루스] 건물 복도. 카메라 후진하며
인사과장을 데리고 간다.

인사과장
고시조 씨? 아이고, 드디어 받으시네.

C# 6

6) 두 형사 뒤로 시조 차와 경찰차들, 경찰관들.
버려진 시조의 차 주변을 수색하는 과학수사대원들.

중년 형사
경찰인데요, 지금 실종자 폰에
전화하신 거거든요? 실례지만 누구신가요?

7) 5) 연결.

C# 7

인사과장
[파피루스] 인사과장입니다. 고시조 씨가
저희 회사 면접을 보셨고요, 합격 통보하려고
전화했는데…… 나 참, 무슨 마가 씌었나……

중년 형사
(소리)
예?

인사과장
고시조 씨 전 사람도 전화 안 받아서
합격 취소했었거든요. 이건 뭐……

중년 형사
(소리)
그분 성함은 어떻게 되시나요?

인사과장
그분이…… 가만있자…… 최고 득점잔데…… 구, 구……

C# 1

1)   씬119의 C# 25 연결. 중년 형사,
만수를 빤히 보며 —

중년 형사
구범모! 근데 내가 이 이름을
어서 본 거 같더라 이거죠.

낮	L	10:05

갓길 공터 – 플래시백

고시조의 휴대전화 통화 목록에서 구범모의 이름을 발견하는 형사들

C# 1

1) 시조 전화 통화 목록을 넘기는 중년 형사의 손.
초점은 멀리 아래 바다에 있다가····

통화 목록 넘기기를 멈출 때 전화기로 이동.
(VFX로 줌인)

구범모를 가리키는 손가락.

C# 2

2) 젊은 형사, 오호!
중년 형사, 의기양양한 표정으로 젊은 형사를 본다.
제 머리를 가리키며 —

> **중년 형사**
> 봐라, 새끼야.

C# 1

1)

> **만수**
> 아, 둘이 아는 사이였어요?
> (너무 반응이 격했나 싶어 좀 차분하게)
> 근데 그분도 사라지셨구나‥‥

C# 2

2)   B 카메라 동시에 – 중년 형사, 오른손
집게손가락을 관자놀이에 대고 숙고하는 시늉.

> **중년 형사**
> 자, 두 제지맨이 있어. 서로 아는 사이야.
> 근데 거의 동시에 실종?

중년 형사에서 젊은 형사로 포커스 이동.

> **젊은 형사**
> 차 주변을 면밀하게 조사했더니
> 땅바닥에서 고시조 씨 혈흔하고‥‥

중년 형사로 다시 포커스 이동.

> **중년 형사**
> 혈흔. 고시조 씨의 혈은 무엇에 의해
> 혈관에서 나오게 됐을까요, 밖으로?

C# 3

3)   **1)연결.** 중년 형사의 말이 이어지기를
기다리는 만수.

C# 4

4)

중년 형사
총이요.

C# 5

5)

젊은 형사
권총.

C# 6

6) 4) 연결.

중년 형사
북한제.

C# 7

7) 만수 입이 벌어진다.

C# 8-1

8-1) 미리, 귀가 쫑긋하며 저도 모르게 장식장 쪽을 본다.

C# 8-2

8-2) 장식장으로 포커스 이동.

C# 9

9) 6) 연결. 중년 형사의 자랑스러운 얼굴.

중년 형사
탄피를 찾아냈거든요.

C# 10

10) 5) 연결.

젊은 형사
제가.

C# 1

1) 탄피를 발견하는 젊은 형사.

허리 숙이고 라텍스 장갑 낀 손을 내민다.

C# 2

2) 햇빛에 탄피를 비춰 보는 젊은 형사.

탄피로 초점 이동. 구멍 정면.

C# 1

1) **씬123의 C# 7 연결. 만수, 아차!**

　　　　　만수
　　아! 탄피요⋯⋯

멀리 미리로 초점 이동 —

C# 2

2) 미리 시점 — 만수 뒤통수.

　　　　　만수
세상에! 밖에 못 나가겠는데요⋯⋯

아내를 돌아보고 같이 조심하자고 말하듯이
고개를 끄덕이며 —

　　　　　만수
　　무섭네⋯⋯

C# 1

1) 집 현관 열리고 형사들과 만수가 나온다.
앞장서 걷는 중년 형사.

중년 형사

제가 범인 잡을 때까진····

리원을 발견하고 잠깐 말을 쉰다. 걸음은 계속.

C# 2

2) 걸으면서 말하는 중년 형사 시점 – 개집에서
리원의 다리가 삐죽. 안에서는 첼로 음악.

중년 형사
(소리)
····정말 조심하셔야 합니다.

C# 3

3) 1)연결. 현관 앞에 멈춰 선 만수에게 명함을
주는 젊은 형사.

만수
제가 사라지는 대로 바로 연락드리겠습니다.

C# 4

4) 멈춰 서는 중년 형사, 만수를 돌아본다.

C# 5

5) 만수, 농담이랍시고 던져 놓고 어색한 미소를
짓는다.

C# 6

6) 3) 연결. 중년 형사, 다시 제 앞을 보며—

중년 형사
그런 일로 농담하시는 거 아녜요.

프레임아웃. 젊은 형사도 떠난다.

개집 앞으로 가는 만수, 리원 발목을 잡고 주욱
끌어당긴다.

C# 7-1

7-1) 눈물로 얼룩진 리원 얼굴이 밖으로 나온다.
리원을 일으켜 안아 드는 만수.
카메라 붐업—

아이를 달래는 만수.
좌향 패닝—

거실 창 앞에 서서 만수를 내다보고 있는 미리를
향해 카메라 전진—

C# 7-2

7-2) 의혹에 찬 얼굴로 만수를 보는 미리.

C# 1

1)　만수가 주변을 경계하면서 들어간다.

온실 외벽 – 유리에 비친 외부 풍경과 온실 너머
하늘의 색이 시간에 따라 변한다.

시간이 빨리 흐르면서 해거름을 지나….

밤이 된다. 실내등이 켜진다. 밤이 되자 반사된
외부 이미지는 사라지고 실내가 들여다보인다.
카메라 붐업/틸트다운 –

담배를 문 만수가 방수포로 온실 유리벽을 가리고 있다.
카메라 전진 –

C# 1

1)　창을 마주 본 앵글. 침대에 모로 누운 시원.
고민 많은 사춘기 표정. 뒤척뒤척. 벌떡 일어나는 시원.

옷걸이에 걸린 바지 주머니에 손을 넣더니 담배를
꺼낸다.

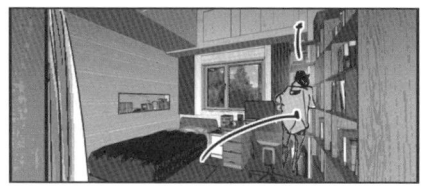

한 개비를 입에 던져 물고는 다락으로 간다.

C# 2

2)　다락 안에서 본 모습. 문 열리고 시원이 올라온다.

C# 1

1) 담요를 챙기는 시원, 지붕으로 올라간다.

C# 2

2) 담요를 들고 지붕에 올라오는 시원, 프레임인.

지붕을 가로질러 카메라 쪽으로 온다.
카메라 붐다운 —

비밀 흡연소에 도착하는 시원, 재떨이를 꺼낸다.
담요를 지붕에 까는 동안 좌향 이동하는 카메라 —

벽의 마름모꼴 구멍 너머로 시원을 본다.
눕는 시원, 담배에 불을 붙이고 깊숙이 쭉
들이마셨다가 내뿜는다.

C# 3

3) 뿜어 올린 담배 연기의 움직임을 바라보는 시원, 공기의 움직임을 따라 고개 돌린다.

온실이 밝다는 것을 발견한다.

C# 4

4) 시원 시점 – 불 켜진 온실.

C# 5

5) 2)연결. 일어나는 시원, 허리 숙이고 온실 쪽으로 간다. 따르는 카메라.

C# 6

6)　시원 시점 − 기와를 훑어가는 카메라.

온실이 나타난다. 뚫린 지붕으로 만수가 보인다.
가슴 장화를 신고 한복판에 팔짱 끼고 서서
둘러보고 있다.
방수포와 널빤지, 박스 종이 등을 닥치는 대로
사용해 유리벽을 가려 놓았다.
사방이 잘 차단되어 만족스러운 모양이지만
유리 지붕을 통해 일부가 들여다보인다.
천장까지 막을 생각은 못 한 것이다.

방수포 일부가 떨어지자 틸트다운 / 줌인 −

바닥에 엎드린 사람 같은 물체가 언뜻, 부분적으로
보인다. 서둘러 달려가는 만수.

얼른 방수포를 붙인다.

422

C# 7

7) 시원, '방금 내가 뭘 봤지?' 표정.

C# 8

8) **6) 연결.** 지붕을 통해 보이는 (위치 이동한) 만수, 전기톱을 켜 들더니 한참을 가만히 서서 아래만 내려다본다. 만수가 무엇을 보는지 여기서는 알 수 없다.

C# 9

9) **7) 연결.** 전기톱 소리에 반응하는 시원.

C# 1

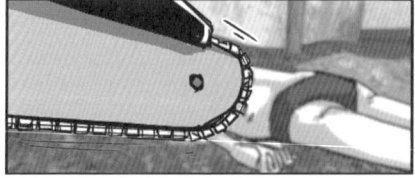

1) 전기톱날 클로즈업 – 뒤로 보이는 팬티만 입은 시조 시체.

C# 2

2) 내려다보며 고민하는 만수.
전진하는 카메라 –

만수, 전기톱을 끈다.

C# 3-1

3-1) 전기톱을 작업대에 내려놓고 담배를 피우면서 또 한참 생각을 하더니 –

카메라 가까이 와서 분재할 때 쓰는 구리철사를 집어 들고 –

C# 3-2

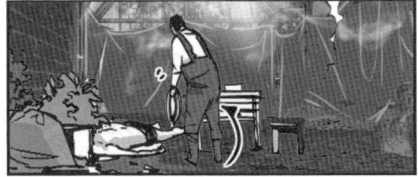

3-2) 시체를 향해 간다.

C# 4

4) 다리를 접고 철사로 감는 만수.

C# 5

5) 시체 너머 만수, 노동.
(B 카메라 동시 — 테이크마다 앵글 바꿔 가며)

C# 6

6) 땀 흘리며 일하는 만수.
(B 카메라 동시 — 테이크마다 앵글 바꿔 가며)

C# 7

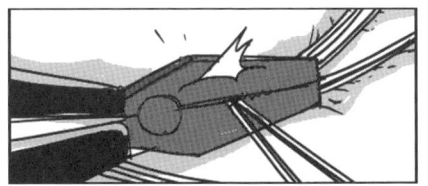

7) 마무리하듯 펜치로 철사를 끊는다.

C# 8

8)   카메라 붐업 / 전진하면 ―

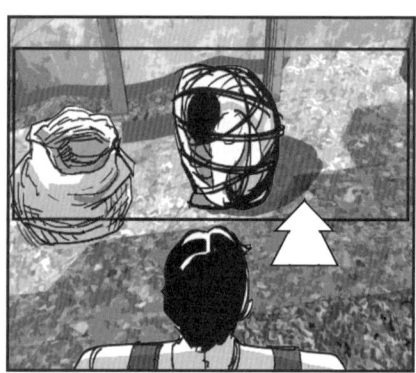

사지가 접힌 채 철사로 가로세로 꽁꽁 묶여
최소한의 부피로 줄어든 시체, 그 옆에 놓인
커피콩 자루. 내려다보는 만수.

C# 1

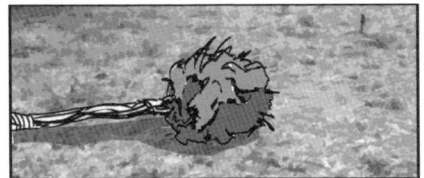

1)   동은 텄지만 아직 안개가 자욱하다.
땅바닥에 누운 사과나무 묘목. 공 모양의 흙덩어리가
뿌리를 감쌌다.

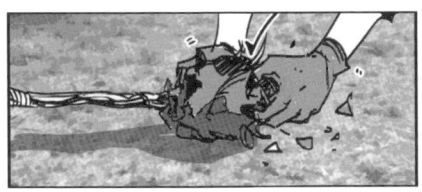

만수 손이 프레임에 들어와 흙덩어리 아랫부분을
부순다.

C# 2

2)   구덩이를 내려다본 앵글. 깊이 묻힌 커피콩 자루.

만수가 삽으로 흙을 조금 덮는다.

C# 3

3)   **1)연결.** 만수가 묘목을 가지고 프레임에서
나간다.

C# 4

4) **2) 연결.** 구덩이에 묘목을 넣는 만수,
한 손으로 묘목을 붙들어 세우고 다른 한 손으로 흙을
쓸어 구덩이를 더 채운다.

탐침처럼 생긴 호스 끝을 묘목 가까이 흙에 찔러
넣는다. 물이 차오른다.

C# 5

5) 치통을 느끼는 만수.

C# 6

6) **4) 연결.** 물이 차오른다.

C# 7

7) **5) 연결.** 호미 장갑을 벗는 만수, 입안 깊숙이
손가락을 넣는다.

C# 1

1) 입속 클로즈업 – 손가락으로 썩은 어금니를 앞뒤로 흔들자 피가 난다. (VFX)

C# 2

2) 아반떼 운전석에 앉은 만수, 고통의 신음을 흘리면서 입에서 손을 빼고….

진통제를 꺼내 씹어 먹는다.
전화가 걸려 온다.

C# 3

3) 만수 시점 – '미리미리'로부터 – 저장된 이름이 바뀌었다 – 걸려 오는 영상 통화.

안 받고 전화기를 엎어 놓는다.

C# 4

4) 2) **연결**. 손바닥에, 다음 면접을 위한 대사를 써 본다.

C# 5

5) 만수 시점 – 25년/25분.

C# 6

6) 4) **연결**. 만수, 얼굴에 빛이 들어오기 시작하자 고개를 든다.

C# 7

7) 만수 시점 – 차 앞 램프가 열리고 있다.

C# 8

8) 6) **연결**. 만수 차 출발.

C# 9

9) 접안한 카페리. 만수 차가 상륙해서 멀어진다.

C# 1

1) 선출 시점 – 가로등도 없는 길을 헤드라이트가 밝힌다.

C# 2

2) (외롭다는 가사의) 트로트를 크게 틀어 놓고 따라 부르며 운전하는 선출, 얼굴이 벌겋다.

C# 3

3) **1) 연결.** 고라니의 실루엣이 그려진 도로 표지판이 스쳐 지나간다.

C# 4

4) **2) 연결.** 집이 가까워져 약간 속도를 줄이며 우회전하려는 찰나—

C# 5

5) 갑자기 뛰어드는 한 사내.

| 밤 | L | 19:00 | 선출 집 앞 / 선출 차 |

선출에게 접근하는 만수

C# 6

6) 급정거하는 선출 차. 거대한 바퀴를 단 튜닝 카 앞에 선 만수, 왜소해 보인다.

C# 7

7) 인상 쓰는 선출, 신경질이 난다.

C# 8

8) 헤드라이트를 받아 하얗게 뜬 만수, 웃으며 차 옆으로 온다. 큰 스포츠 가방을 멨다.

만수
최선출 씨?

유리에 막히고 트로트 음악 때문에 잘 안 들린다.
만수, 옆으로 온다.
좌향 패닝ー
운전면허증을 창유리에 갖다 대는 만수.

만수
(고함)
고라닌 줄 아셨죠? 하하⋯⋯
종일 기디렸습니다.
(라디오 볼륨을 줄이는 선출.
급히 고함치기를 중단하는 만수)
유만수라고 합니다,
[태양]에서 특수제지 담당하다 잘렸죠.

C# 9-1

9-1) 창을 한 뼘만 내리는 선출. 창문이 내려가자 운전면허증을 치우는 만수.

C# 9-2

9-2)
선출
난 또 전처가 보낸 변호사인 줄 알고⋯⋯
(얼굴 알아보고)
아, 접때 화장실에서 그⋯⋯

C# 10

10) 리버스.
만수
죄송합니다,
할 일도 없고 부럽기도 하고 해서
최 반장님 인스타 맨날 보다가⋯⋯

C# 11

11) 9) 연결. 창을 다 내리고 팔을 문짝에 걸치는 선출.
선출
나 지금 스토킹 당한 거 맞죠? 헐⋯⋯

C# 12

12) 5만 원권을 선출 가슴 주머니에 찔러 넣는 만수.

13) 10) 연결.
만수
5만 원도 갚을 겸⋯⋯
그때 얼마나 위로를 받았는지
모릅니다, 정말 고맙습니다. 업계 사람하고
수다를 떨 수만 있다면 원이 없겠어요.
혹시 같이 한잔⋯⋯ 벌써 하신 거 같은데⋯⋯

C# 13

[스프링뱅크] 병을 슬쩍 보여 주는 만수.

C# 14

14) 11) 연결. [스프링뱅크] 병을 보자 입이
째지는 선출.
선출
헤헤, 나 지금 딱 걸린 거 같은데?

C# 15

15) 본넷 앞에 리깅된 카메라. 선출, 기어를 바꿔
차를 움직이기 시작한다. 서행하면서 따라오라는
손짓을 한다.

커다란 차 옆에 붙어 종종걸음하면서 이야기를
이어 가는 만수.
만수
25년 부려먹더니 내보낼 땐 25분도 안 주대요?
통보받고 나오니까 경비가 내 물건을 벌써
상자에 넣어서 들고 있더라구요.

C# 16

16) 코너를 돌아 집 앞에 주차하는 선출.
만수
그러더니 늘 다니던 복도로 못 가게 하고……

운전석 창을 올리고 시동을 끄는 선출,
문을 벌컥 열며—
선출
뒷문으로 내보냅디까?
(만수, 끄덕)
이런 개호로새끼들……

435

C# 1

1) 시원 시점으로 시작 – 작은 창유리 너머 온실.
초점 이동하면 –

유리에 비친 제 모습.
거실 쪽으로 돌아볼 때 카메라 후진 –

실물 시원이 프레임인된다. 엄마를 보며 말할까
말까 망설인다. (VFX)

C# 2

2) 소파에 앉은 미리, 리원을 본다. 숟가락 들고
바닥에 앉은 리원, 탁자에 놓인 밥을 노려본다.
차를 다 마시고 일어서는 미리, 빈 잔 들고 주방으로
프레임아웃.

엄마가 자리를 뜨자마자 숟가락 놓고 그림 그리는
리원.

C# 3

3) 리원의 복잡한 패턴.

C# 4-1

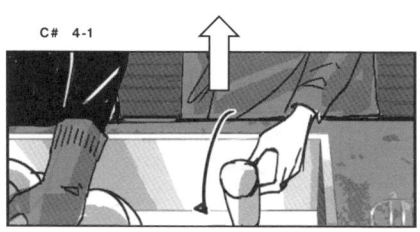

4-1) 개수대에 빈 잔을 놓는 미리의 손.
틸트업하면─

미리 얼굴.

시원을 볼 때 패닝─

시원, 눈이 마주치자 외면. 뭔가 할 말 있는 표정이다.
한동안 지켜보다가 다시 미리에게 패닝하는 카메라.

C# 4-2

4-2) 미리, 또 잠시 아들을 보다가 돌아선다.

거실로 돌아오면서 딸을 살피는 미리.
밥은 안 먹고 복잡한 패턴만 그리는 리원.
한숨짓는 미리, 빽 소리 지른다.

미리
또 또! 밥 안 먹으면 종이 안 준다?

C# 5

5) 그림 그리던 리원, 급히 반 숟갈 먹는다.

미리, 프레임인. 금방 미안해져서 뺨을 쓰다듬으며 —

미리
잘 먹어야 팔 힘 쎄져서 활도 쎄게 긋지.

끄덕이는 리원.

시원을 돌아보는 미리.

C# 6

6)　　미리 시점 - 눈이 마주치자 고개 홱 돌리며 재빨리 외면하는 시원.

C# 7

7)　　5) **연결.** 미리, 리원에게 조곤조곤 -

미리
왜 이 집 남자들은 나한테 뭘 숨길까, 리원아?

시원을 향해 고개 돌리는 미리, 작위적인 미소를 지으며 -

미리
왜 그럴까? 디지고 싶은 걸까?

C# 8

8)　　6) **연결.** 개수대로 몸을 돌리는 시원.

C# 9

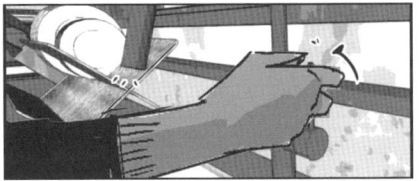

9)　　수도를 끈다.

C# 1

1) 선출 눈치를 살피는 만수, 혀 꼬인 척 하며─

만수
야, 난 하루⋯⋯

재빨리 술잔을 테이블 아래로 내린다.

C# 2

2) 테이블 아래 칸에 놓인 대접에 술을 버린다.

만수
(소리)
⋯⋯ 350톤을 양품률 96프로로 돌렸다고.

C# 3

3) 선출의 잔이 비자마자 술 따라 주는 만수.

만수
그 낡은 [부민] 기계들로.

[스프링뱅크] 한 병을 거의 비웠다.

선출이 한 모금 마시자⋯⋯

만수, 커다란 소시지 조각을 포크에 찍어 선출에게
권한다. 선출, 받는다.

만수
'올해의 펄프맨' 상은
뭐 개나 소나 다 주는 줄 알어?

C# 4

4)　선출 입에 소시지가 들어간다.

선출
(소시지 씹으며)
그렇지, 개나 소나 다 주면 나도 받았겠지?

선출은 혀가 잔뜩 꼬였다.

C# 5

5)　**1) 연결.** 긴장하는 만수.

만수
아이, 그런 소리가 아니고⋯⋯
미안해, 씨발! 마셔 마셔!

C# 6-1

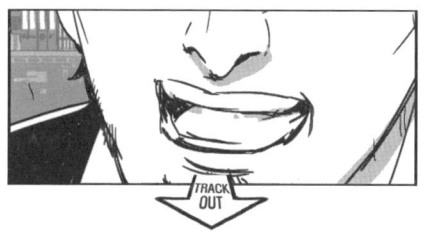

6-1)　**4) 연결.** 선출, 껄껄 호탕하게 웃는다.
카메라 후진—

잔을 비운 다음⋯.

만수에게 내미는 선출.
카메라 호형으로 돌아—

C# 6-2

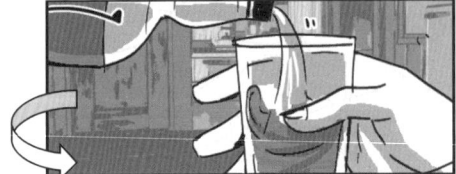

6-2) 잔의 측면.
위스키병이 프레임에 들어와 콸콸 잔을 채운다.

C# 1

1) 또 추상화를 그리는 리원의 손.

리원
(소리)
디지고 싶은 걸까?

틸트업─

창 너머 마당에 선 미리. 화면 밖 시원에게 열심히
말하고 있다.
줌인─

확인하려고 리원을 잠깐 봤다가 다시 시원에게
시선을 돌리는 미리.

C# 2

2) 고개 숙이고 그네에 앉은 시원, 하릴없이
조금씩 왔다 갔다 한다. 시원, 고개 들어 엄마를 본다.

C# 3

3) 그네 타는 시원의 시점 ─ 배롱나무 가지
그림자가 미리 얼굴에 드리워졌다.
바람에 조금씩 흔들린다.

미리
본 거야, 본 거 같은 거야?

| 밤 | L | 20:40 | 선출 집 |

매니저 하나 더 있어야 한다는 선출의 말에 잠시나마 재취업 희망을 품지만 이내 실망하는 만수

C# 1

1)
선출
이렇게 일하다간 곧 죽을 거 같아.

상자에서 꺼낸 시가를 권하는 선출.

선출
회사 입장도 그렇잖아, 응?
이러다 나 갑자기 디지면 어쩔 거냐고.

C# 2

2)   B 카메라 동시에 ─ 시가를 받아 드는 만수,
죽는다는 소리에 뜨끔. 아무 대꾸도 못 하고 눈만
껌뻑껌뻑.

C# 3

3)   1) 연결. 시가에 불 붙이는 선출, 정적을 깨며 ─

선출
솔직히 이 정도 업무량이면
매니저 하나 더 있어야 되거던.

C# 4

4)   2) 연결.
만수
(귀가 솔깃해서 격하게)
그렇지, 니 급으루! 당연하지!

C# 5

5)   3) 연결.
선출
내 말이! ……우냐? 나 불쌍해서?

C# 6

6) 4) 연결. 만수, 높은 데를 보면서 눈을 끔뻑끔뻑.
뜻밖의 희망 ─ 어쩌면 손에 피를 묻히지 않고
재취업할 수 있을지도!

시가에 불 붙이는 만수, 울음을 참느라 침을 꿀꺽
삼키고 다시 선출을 향해─

> **만수**
> 위에 얘기해 보지 그래.

7-1) 5) 연결.

> **선출**
> 뭘?

C# 7-1

선출과 가까운 자리로 이동해 앉는 만수,
프레임인─

> **만수**
> 사람 하나 더 뽑아 달라구!
> **선출**
> 그 짠돌이 새끼들한테?
> **만수**
> (열정적으로)
> 가만히 있으면 가마니로 안다니까!
> **만수**
> 요구를 해! 일하다 말고 현장에서 쓰러져!
> 병가 내고! 라인 멈추고! 그러면 위에서도
> 정신 차리기 않겠어?
> **선출**
> (심드렁하게)
> 뭘 정신을 차려, 나만 잘리지.
> **만수**
> 나 추천해 봐. 우리 같이 일하면
> 잘 맞을 거 같지 않냐? 서로 보완되고.
> **선출**
> 그래…… 얘기해 봐야겠네……

눈을 못 마주치는 선출, 영혼 없이 말하며 술 따라 준다.
카메라 패닝/트랙인─

C# 7-2

7-2) 선출은 프레임아웃되고, 만수만 남는다.
만수의 희망은 다시 사라졌다.

C# 1

1) 그네에 혼자 앉은 미리. 어둡고 조용하다. 방금 아들에게서 들은 이야기를 곱씹는 미리. 갑자기 무슨 생각이 났는지 벌떡 일어나면서 프레임아웃.

C# 2-1

2-1) 장식장 유리문에 비친 모습.

미리가 다가와 유리문을 연다.

나무 상자의 자물쇠 번호키를 열고….

뚜껑을 열더니….

C# 2-2

2-2) 권총을 꺼낸다. 너무 가볍다. 플라스틱이다.
카메라, 미리의 손에서─

얼굴로 이동한다.
미리, 숨을 못 쉬겠다.

C# 1

C# 2

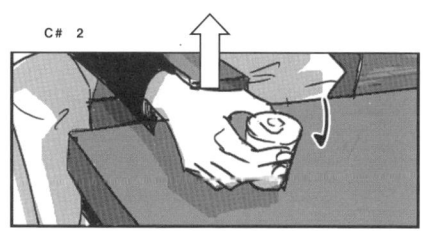

1)   씬137의 C# 7 연결.
만수, 선출이 집에 둔 종이 샘플을 집는다.
감정가처럼 손가락 사이에 비벼 보고 불빛에
비춰 본다. 쯔쯧….

만수
그래서 나온 게 고작 이거라고?

카메라 후진 – 선출이 다시 프레임인된다.

선출
알어 알어, 섬유 구조 자국,
그 [부민] 새끼들의 교차 연결 섬유소 레시피.
근데 어쩔 수가 없더라구….

만수
걔네 기계를 쓰는 거지, 레시피까지
써야 하는 건 아니잖아….

후진 계속 –

만수
(둘러보며)
라인 매니저 해 갖고 이런 집에 어떻게 사냐고.
저 차하며.
(선출의 표정이 굳는 것도 못 보고
계속 떠드는 만수)
누가 보면 야…. 뒷돈이라도 먹는 줄 알겠다.

뒤늦게 눈치채고 입 다문다. 노려보는 선출,
술이 깨는 모양이다. 수습하려 애쓰는 만수.

만수
미안해, 농담인 거 알잖아.
내가 치통 땜에 제정신이 아니에요!

사과를 받아들이지 않는 선출, 얼음처럼 차가운
시선으로 계속 쏘아본다. 잔을 드는 만수.

만수
자, 한잔할까? 원샷!

선출, 무반응. 선출 손을 보는 만수.

2)   만수 시점 – 술잔을 탁자에 내려놓는 선출의
손에서 틸트업하면 –

선출, 만수를 빤히 보면서 뒤로 기대앉는다.

C# 3

3) 만수, 숨이 막힌다.

C# 4

4) **2)연결.** 선출, 일어선다.
카메라, 일어나는 선출을 따라 우측 호형 트래킹―

계획이 틀어지자 양손으로 머리를 쥐어뜯는 만수,
다급히 플랜B로 넘어간다. 오른손을 주머니에
천천히 넣는다.
비틀비틀 냉장고로 가는 선출.
만수가 재킷 주머니에 있는 총을 뽑을 때,
약간 붐다운―

일어서서 선출을 보는 만수를 따라 붐업―

냉장고 안을 들여다보는 선출.

C# 5

5) 만수, 선출을 겨눈다.

선출
(소리)
폭탄주 오케이?

한순간도 망설이지 않고 총 내리는 만수,
잽싸게 주저앉아 딴청을 부린다.

C# 6

6) 맥주병과 잔을 두 개씩 들고 만수를 보는 선출.

C# 7-1

7-1) 5) **연결**. 미소 짓는 만수, 엄지 척.

치통 엄습.

어쩔 수 없이 술을 마신 만수, 충치를 뽑아낸 후 마당으로 선출을 유인한다

C# 7-2

7-2) 선출이 돌아온다. 선 채로 폭탄주를 제조하기 시작한다.

C# 8

8) 선출, 맥주잔 두 개를 콸콸 채운다.

C# 9

9) 위스키잔 두 개도 채운다.

C# 10

10) 8)연결. 위스키잔을 맥주잔에 풍당 넣는 선출.

C# 11

11) 긴장한 얼굴로 두 번째 폭탄주를 바라보는 만수.

C# 12

12) B 카메라 동시에 – 다리가 떨리기 시작하자 주먹으로 꽉 눌러 진정시키려 한다.

C# 13

13) 만수 시점 – 잔을 내미는 선출.

선출
원 샷!

(일어서는 만수) 카메라 붐업 / 틸트다운 –

만수가 잔을 받기를 기다리는 선출.

만수의 오른손이 프레임인해서 잔을 받는다.
잔, 프레임아웃 –

만수를 지켜보는 선출.

어쩔 수 없이 술을 마신 만수, 충치를 뽑아낸 후 마당으로 선출을 유인한다

C# 14

14) 잔을 받아 붙들고 머뭇거리는 만수, 눈을 감고 왼손으로 관자놀이를 두드리기 시작한다.
작은 소리로 주문을 왼다.

> **만수**
> 어쩔수가없다 어쩔수가없다
> 어쩔수가없다 어쩔수가없다

카메라 후진 −

선출이 프레임인된다. 선출, 빽 소리 −

> **선출**
> 아, 뭐해?!

C# 15

15) 자기만의 의식을 마친 만수가 눈을 뜬다.
붐다운 −

입술에 잔을 가져간다. 한 모금 홀짝 머금고⋯⋯
붐다운 −

삼키지는 않는다.
패닝하면 −

선출, 제 잔을 입에 댄 채 마시지는 않으면서
만수를 뚫어져라 노려본다.

C# 16

16) 만수, 더 이상 피할 곳이 없다.
맥주잔에 리깅된 카메라. 고속촬영.

맥주잔이 기울어진다. 위스키잔이 쓰러진다.

두 가지 술이 섞여 만수의 입으로 흘러 들어간다.
꿀꺽꿀꺽 오르내리는 목젖.

C# 17

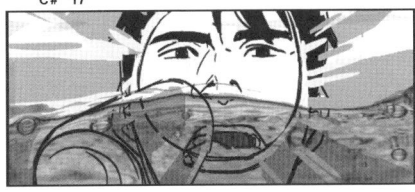

17) 맥주잔에 리깅된 카메라.
잔 바닥을 통해 본 만수. 고속촬영.

잔을 비우고….

팔을 내린다. 만수, 잊고 살았던 쾌감이 갑자기
밀려온다.

C# 18

18) 비로소 만족한 선출, 저도 잔을 단숨에 비운다.

오른 팔꿈치로 옆구리를 두 번 힘차게 친 다음
자리에 앉는 선출을 따라 붐다운 –

선출, 다리를 쭉 뻗는다.
카메라 뒤로 빠지면⋯⋯

만수가 보인다.

C# 19-1

19-1) 고정되어 있던 만수, 고개를 든다.

C# 19-2

19-2) 시뻘게진 얼굴, 충혈된 눈동자.

카ー 하면서 씨익 웃는다.
서랍장으로 가는 만수를 따라 패닝ー

여러 개의 서랍을 막 뒤지더니 펜치를 찾아온다.

C# 20

20) 펜치를 들고 나타나는 만수, 놀라는 선출.

C# 21

21) 입에 펜치를 넣는 만수.

C# 22

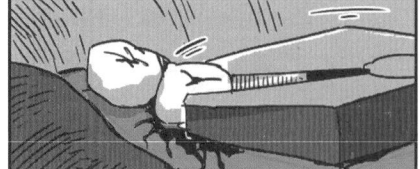

22) 펜치를 입안 깊숙이 쑤셔 넣더니 단말마의 비명과 함께 어금니를 뽑아낸다.

피가 고인다.

C# 23

23) 21)연결. 입에서 펜치를 꺼내는 만수.

입속에 남은 위스키를 몽땅 들이붓는 만수, 악마 같다.

C# 24

24) 20)연결. 선출 입이 딱 벌어진다.

선출
와~

C# 25

25) 23) **연결**. 만수, 쩌렁쩌렁한 목소리로 외친다.

만수
어~ 션하다, 씨발⋯⋯
바람 좀 쐐야겠다, 이 새끼야.

틸트다운—

스포츠 가방에서 보드카 한 병을 꺼낸다.
틸트업—

선출 눈앞에서 꼬시듯 흔들어 보이며 뒷걸음질.

만수
불멍하면서 한잔하는 게 또 내 평생 소원이지!
나가자!

C# 26

26) 껄껄 웃으며 일어서는 선출.

술기운에 휘청하면서 엉덩방아를 찧는다.
그러고도 뭐가 좋은지 또 웃으면서 만수를 따라간다.
패닝—

선출
같이 가!

스포츠 가방을 들고 계단 내려가는 만수.
따라가는 선출.

C# 1

1)　집에서 나오는 미리.

현관 옆에 놓여 있는 원예 도구들 틈에서 삽과
손전등을 찾아낸다.

C# 2

2)　남편이 사과나무 묘목을 심어 놓은 구석으로
향하는 미리 롱 숏.

디졸브.

| 밤 | L | 22:00 | 선출 집 마당 |

만취한 선출을 보며 고민하는 만수

C# 1

1) 디졸브. 하이앵글. 파이어 핏에서 장작이
활활 타오른다.

C# 2

2) 벌써 거의 빈 보드카병. 그 결과 만취한 선출,
불을 멍하니 본다.

　　　　　　선출
이상한 지 반년인데 처음 피워 보네, 씨발.
매일 바베큐 해 먹을 줄 알았는데.

선출 옆에 나란히 앉은 만수, 불멍,
카메라 호형 트래킹 / 전진 ─

　　　　　　만수
갖고 싶은 거 가지면
막상 또 그렇게 돼, 사람이····
　　　　　　선출
마누라 말이 맞았어, 에이 씨.
　　　　　　만수
(스포츠 가방 지퍼를 열다가 멈추고
홀린 듯 불을 응시하며)
아─ 이거 정말 하고 싶지 않은데····
(동의를 구하듯 선출을 보며)
안 하면 앞에 두 사람 죽음을
헛되게 하는 거잖아. 그건 개죽음이지.
　　　　　　선출
아냐, 우리가 개는 귀 먹으면 안 돼····
　　　　　　만수
어쩔 수가 없잖아.

선출, 중얼중얼 지껄이는 만수 말을 하나도
못 알아들은 채 의자에 엎드리며 눈을 감고 저도
중얼중얼 ─
　　　　　　선출
그러취, 없지····

엎드린 선출을 보는 만수.

C# 1

1) 땅 파는 미리.

C# 2

2) 묘목을 뽑아서⋯

구덩이 둘레에 눕혀 놓는다.

C# 1

1) 열심히 땅 파는 만수.
좌향 트래킹하면—

시멘트 포장된 길바닥에 누운
선출 머리가 프레임인된다.
트래킹 계속—

방수포로 감싸인 채 꽁꽁 묶인 선출의 몸.
세상모르고 잔다.

C# 1

1) 계속 삽질하는 미리.

C# 2

2) 흙을 퍼내는 삽의 움직임.
구덩이가 제법 깊어졌다.

| 밤 | L | 23:00 | 선출 집 마당 |

SETUP 1

계속 삽질하는 만수

C# 1

1)　입김을 헉헉 뿜으면서 땅 파는 만수.

C# 1

1) 삽질하는 미리, 흙투성이 땀범벅이다.

C# 2

2) 흙 속에 꽂히는 삽, 걸린다. 드디어 깊게 묻힌
커피콩 자루를 찾아낸다.

C# 3

3) **1)연결.** 미리, 집을 돌아본다.
초점 이동하면 집 —
불 꺼진 집의 2층.

C# 4

4) 혹시라도 아이들이 보고 있나 싶어서 집을
살피는 미리.

C# 5

5) 시원의 흡연 장소에서 본 미리, 집과 구덩이를
번갈아 본다.
미리, 자리를 옮겨 집을 등진다.

C# 6

6)   손전등 클로즈업 – 켜진다.

초점 이동하면 미리.

C# 7

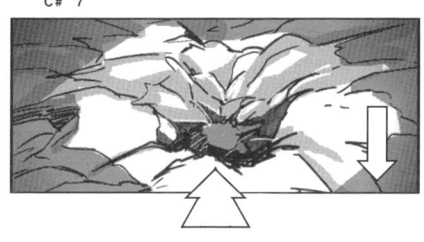

7)   미리 시점 – 구덩이를 비추는 손전등.
미리가 앉으면서 카메라 전진 / 하강 –

왼손이 프레임에 들어와 흙을 쓸어 내면 커피콩 자루.

C# 8

8)   심호흡을 하며 용기를 내는 미리, 무릎 꿇고
앉아 자루의 윗부분 흙을 손으로 쓸어 낸다.
자루에 뭐가 들었을지 궁금하면서도 보기 두렵다.

C# 1

1)   (쪼그리고 앉은) 만수 시점 – 수확 준비가 된
배추처럼 머리만 나온 채 묻인 선출.
어깨 주위 지면 위로 방수포 자락이 올라와 있다.
선출 몸에 흙 한 톨 묻을 수 없는 상태다.

C# 2

2)   왼손에 수술 장갑을 마저 끼는 만수, 깔때기를
집어 든다. 이제 술은 다 깼다.

C# 3

3)   만수 시점 – 왼손에 든 깔때기. 전화가 울리자
오른손에 든 전화기 프레임인. '미리미리'가 건
영상 통화. 배경 화면은 만수 본인 얼굴.

C# 4

4)   광각렌즈. 만수, 영상 통화는 좀 난처하다.

C# 5

5)   3)연결. 만수, 비디오 버튼을 눌러 끈다.
만수 얼굴이 배경에서 사라진다.

C# 6

6)   **C# 4와 비슷한 앵글 / 사이즈.** 신호음이 들린다.
전화기를 들여다보며 서성대는 미리,
미간을 찌푸린다.

C# 7

7)   **4) 연결.** 만수, 이 뽑은 자리에 쑤셔 넣은 솜을 뺀다.

C# 7A

7A)   **5) 연결.** '참여' 버튼을 누르는 만수.

만수
미안, 내가 전화를 안 받았지.

C# 7B

7B)   **7) 연결.** 만수, 전화 받으면서 일어선다.
틸트업—

C# 8

8) 미리 시점 – 검은 화면에 '만수씨'.
구석에는 작게 미리 얼굴.

C# 9

9) 전화를 귀에 대는 미리,
(눈물이 떨어질까 봐 걱정하는 양) 고개 치켜든다.
서성대기 시작하자 트래킹으로 따르는 카메라.

만수
(소리)
영통은 좀 어렵고, 기대할까 봐 말을 못 했는데
[문 제지] 다니는 친구 집에 와 있어.

C# 10

10) 7B) 연결. (우리가 안 보는 사이) 몸을 돌린
만수의 좌측면.
카메라 붐업해서 아이레벨로 –

만수
일이 너무너무 많아서 라인 매니저
한 명 더 뽑는다는 거 있지?

C# 11-1

11-1) 9) 연결.
카메라, 붐다운해서 아이레벨로 –

미리
그때 형사가 한 말 있잖아.
같이 면접 본 사람들.

만수 말이 빠른 데 비해 미리는 차분하게 말한다.

C# 11-2

11-2) 만수 화면이(**10**) **연결**) 뜨면서 분할화면을
만든다.

> 만수
> 응.

양쪽 카메라, 동시에 트랙인.

> 미리
> (떠본다)
> 죽었다고.

만수 반응 기다리면서 서성대기를 멈추는 미리.

> 만수
> (무심코)
> 응.

미리, 절망감에 고개 푹 숙이면서 손으로 이마를
감싼다.

> 만수
> 근데?
> 미리
> 걱정돼서. 너무 밤늦게 다니잖아.
> 몸조심해야 되는데.
> 만수
> (안도하며)
> 에이, 난 괜찮어.
> 미리
> 어떻게 그렇게 확신해?

당황하는 만수, 머뭇거리다 고작 한다는 소리가—

> 만수
> 으응…… 난 나니까?

미리, 질끈 눈을 감았다가 곧 눈 뜨고 안타깝게—

> 미리
> 야, 닥치고 그냥 좀 오면 안 되냐?

뭐라고 답해야 할지 몰라 그저 네 손가락으로 관자
놀이를 두드리며 소리 안 나게 중얼거리는 만수.
카메라를 향해 몸 돌리는 미리, 손전등으로 카메라
뒤를 비춘다.
양쪽 카메라, 붐다운—

C# 11-3

11-3) 미리의 손전등 빛이 렌즈를 정면으로 보는
순간, 컷.

C# 12

12) 사과나무 너머 미리.
손전등 빛이 나무의 실루엣을 만든다.

사과나무의 가지 끝부터 시체가 묻힌 땅까지
아래위로 그리고 좌우로 훑는 손전등 빛.

미리
혼자 짊어지려고 하지 마,
백지장도 맞들면 낫다잖아.

화면 우측의 나무들 모양이 슬그머니 만수 얼굴
로 바뀐다. (VFX)

만수
헤~ 좋아하는 속담인데. 백지장.
미리
우리 네 식구 힘 합치면 이겨 낼 수 있어.
만수
여섯인데?

개집을 향해 손전등을 돌리는 미리.
만수 모습이 사라진다.

C# 13

13) 개집을 비추는 빛.

> 미리
> 알어, 시투 리투.

C# 14

14)

> 만수
> 꼭 데려올 거야.

C# 15

15) 사과나무 가지 너머로 미리.

> 미리
> 당연하지. 당신 원예나 분재 쪽으로도 잘할걸?
> 백 살까지 산다잖아, 안 늦었어.

C# 16

16) **14) 연결.** 선출 신음.

> 만수
> 이런 말 하기 싫은데…… 싫어.
> 마지막 면접이야. 여태까지 땅을 팠다면
> 이제 나무 심는 일만 남았어.

C# 17

17) **15) 연결.** 선출의 신음 소리를 듣는 미리, 경악—

> 미리
> 여보 여보, 당신이…… 무슨 안 좋은 일을 하면
> 그건 나도 같이 하는 거야, 알았어?

C# 18

18) **16) 연결.** 전화기를 귀에서 떼는 만수,
안 좋은 일 하고 있지 않다는 주장을 하려고
비디오 버튼을 누른다.

C# 19

19) 만수 시점 – 만수와 미리의 얼굴이 뜬 전화기.
그 너머 선출의 머리.

> **만수**
> 아유, 걱정 마.
> (자연스럽게 웃어 보이려고 노력하다가)
> 친구가 깬 거 같아‥‥

이빨 빠진 쪽 부어오른 얼굴을 보고 놀라는 미리.

> **미리**
> 당신 뺨이‥‥
> **만수**
> 내일 통화하자, 끊는다?

웃으며 빠이빠이 하는 만수, 서둘러 전화 끊는다.

C# 20

20) **17) 연결.** 절망하는 미리.

C# 21-1

21-1) **18) 연결.** 웃느라 벌어진 입에서 피가 주르륵
흘러내린다. 재빨리 탈지면을 쑤셔 넣는 만수.

C# 21-2

21-2) 손등으로 입가를 닦으며 바닥에 피가
안 떨어졌나 확인한다.

C# 22

22) 제 집이 낯선 미리.

C# 23

23) 불 켜진 거실 창 앞에 선 미리, 집을 본다.

C# 24

24) 미리 시점 – 거실. 커튼도 없으니 훤히 들여다
보인다.

C# 25

25) 텔레비전 있던 자리에 걸린 액자.
C# 23과 비슷한 앵글 / 사이즈 / 자세로 찍힌 만수.

C# 1-1

1-1) 깨어나는 선출, 몸부림쳐 보지만 몸이 묻혀 빠져나갈 수 없다.

선출의 뒤로 이동하는 만수.

만수의 동선을 따라 두리번거리다가····

고개를 들어 올려다보는 선출.
카메라 틸트업하면―

깔때기를 집어넣으려 자세를 잡는 만수.

C# 1-2

1-2) 선출을 향해 몸을 숙이는 만수.

C# 2

2) 만수 시점 – 고개를 들어 올려다보는 선출의
입에 깔때기를 집어넣는다.

경악해서 튀어나올 것 같은 눈으로 만수를
올려다보는 선출.

C# 3

3) 비닐 랩을 뚫고 들어가는 깔때기. (더미)

C# 4

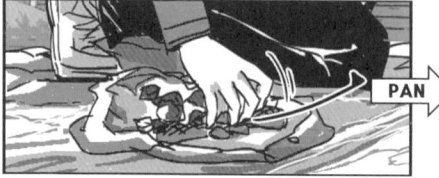

4) 선출 입에 들어간 깔때기를 한 손으로 잡고, 다른 한 손으로 스포츠 가방에서 소시지가 든 비닐봉지를 꺼내는 만수. 비닐봉지에 담긴 소시지를 손으로 마구 눌러 으깬다.
카메라 패닝하면—

깔때기를 입에 문 선출.

깔때기 속으로 소시지 조각들을 집어넣는 만수.

C# 5

5) **C# 2와 같은 앵글 / 더 타이트한 숏.**
깔때기 속으로 소시지 조각들을 집어넣는다.

C# 6

6) 작업하는 만수.

선출 집 마당

계획했던 일을 실행하는 만수

C# 7

7)　4) 연결. 선출이 구역질을 시작하자 곧바로 깔때기를 빼내고····

비닐 랩을 집어 드는 만수.

선출의 얼굴 전체를 싸기 시작한다.

C# 8

8)　6) 연결. 선출의 얼굴을 랩으로 싸는 만수.

C# 9

9)　선출의 머리가 누에고치처럼 보일 때까지 미친듯이 감는다. (더미)

C# 1

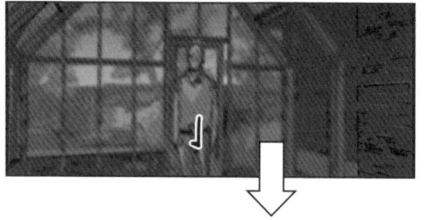

1) 빼꼼 문 열고 들어오는 시원 실루엣.
가까이 오는 동안 카메라 붐다운—

구석의 낮은 선반 앞으로 와 거기 놓인 분재를
내려다보는 시원, 손을 내민다.

C# 2

2) 시원 시점 – 소나무 몇 그루와 바위들로
이루어진 미니어처 숲. 시원의 손이 나무를 만진다.

C# 3

3) 1)**연결**. 분재를 만지는 사람이 만수로
바뀌었다. 가슴 장화를 입은 만수.

C# 4

4) 2)**연결**. 만수 시점 – 시원이 바위에 앉아
올려다본다.

C# 5

5)　3) **연결.** 시원을 보고 갸우뚱하는 만수,
몸을 돌린다.

C# 6

6)　만수가 불을 켰다. 시원이 눈부셔한다.

C# 7

7)　시원 시점 – 역광. 머리 위로 가지를 드리운
큰 소나무가 보이고 또 그 소나무보다 몇 배 큰
거인 만수가 저를 내려다보고 섰다.

소나무 가지 너머 만수, 허리를 굽힌다.
다가오는 얼굴. 만수의 표정은 무서우리만큼
싸늘하다.

C# 8-1

8-1)　시원에게 만수 그림자가 드리워진다.

C# 8-2

8-2) 겁먹은 시원, 더 높은 곳을 본다.

C# 9

9) 만수 너머 천창으로, 또 그 너머 집 지붕 비밀
흡연소에 선 미리로 패닝 / 초점 이동.
손짓하는 미리로 줌인 —

자기한테 오라고 손짓하는 미리.
만수 얼굴이 더 다가오자 그쪽으로 패닝 —

C# 1-1

1-1） 몸부림치며 비명 지르는 시원.

방문 열리는 소리에 이어 미리 프레임인—
눈 뜨는 시원, 현실로 돌아온다. 안아 주는 미리.
카메라 틸트업하면—

미리 측면 바스트.

　　　　　　　　미리
　　괜찮아, 괜찮아. 꿈이야,
　　다 니 머릿속에서 만들어 낸 거야.

다시 카메라 틸트다운하면—

미리에 안겨 있는 시원.

머리맡 램프를 켜는 미리.
시원, 엄마의 흙투성이 몰골에 놀란다.
틸트업—

C# 1-2

1-2) 시원을 가만히 보면서 어떻게 해야 하나 고민하는 미리.

미리

엄마가 땅 파 봤어.

놀라 몸을 떼는 시원, 머리가 프레임인한다.

C# 2

2) 잠이 확 깬 시원.

시원

땅? 거기?

C# 3

3)

미리

진짜 뭐가 있더라.

C# 1

1) 겁먹은 얼굴로 다음 말을 기다리는 시원.
모자는 아들의 비밀 흡연 장소에 앉아 있다.
아들의 표정을 살피는 미리····

고개 돌려 사과나무를 내려다본다.

C# 2

2) 미리 시점 – 마름모 사이로 보이는 두 그루
사과나무.

미리
(소리)
돼지.

C# 3

3) **1)연결.** 엄마에게 고개 돌리는 시원.

시원의 '뭔 소리?' 표정.

C# 4

4) 　고개 돌려 아들을 보는 미리.

미리
돼지가 나무에 좋다잖아. 거름으로.

C# 5

5) 　3) 연결.
시원
돼지를 토막 냈다고?

C# 6

6) 　4) 연결. 입술 꾹 다물고 한 번 끄덕이는 미리.

C# 7

7) 　5) 연결. 엄마 말을 믿고 싶은 시원.

사과나무를 내려다보기 위해 고개 돌린다.

C# 1

1) 씬151 C# 2와 같은 앵글 / 사이즈.
다시 순간 이동이라도 한 듯 모자는 이미
사과나무 앞에 내려와 있다.
시원, 시체가 묻힌 자리를 내려다보며 –

시원
작년에 아빠가 통돼지 바베큐 해 줬을 때처럼?

C# 2

2) 미리, 막 던진 말에 아들이 이렇게 순진하게
반응해 주자 참으로 마음이 놓인다.
격하게 끄덕이며 –

미리
그렇지, 그때처럼!
돼지 한 마리를 통째로 나무한테 멕였더라고,
아빠가 정말 힘들었겠더라.

미리, 뜨거워지려고 하는 눈시울을 겨우 식힌다.
시원, 사과나무 잎을 매만지며 –

시원
아~ 그랬구나‥‥
아빠가 사과 쨈 해 먹자고 했는데. 맛있겠다.

카메라 전진 –

프레임아웃되기 직전에 엄마를 돌아보는 시원.

아들에게 웃어 보이려고 노력하는 미리.

C# 1

1) 방수포에 싸인 시체가 누워 있다.
마대 자루를 든 만수, 메운 구덩이 위에 낙엽을
뿌리고 있다.
카메라 틸트업하면—

이미 2층 실내에 와 있는 만수, 자기 지문이 묻은
모든 것을 닦거나 스포츠 가방에 쓸어 담으면서
술을 선출 혼자 마신 것처럼 꾸미는 만수.
줌인—

만수 움직임 따라 좌우 패닝.

C# 1A

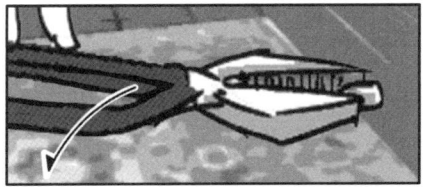

1A) 피 묻은 펜치와 이빨도 가방에 넣는다.

C# 2

2) 매직아워 – 아직 비닐 랩으로 머리가 싸이고, 팬티와 티셔츠만 입은 시신. 수술 장갑을 낀 채 가위로 선출의 머리를 감싼 랩을 자른다.
(더미)

C# 3

3) 욕지기를 참으며 일하는 만수.

C# 4

4) 2) 연결. 다 자른 비닐 랩을 빼는 만수. 토사물이 입과 콧구멍 안에 가득한 선출.

C# 5

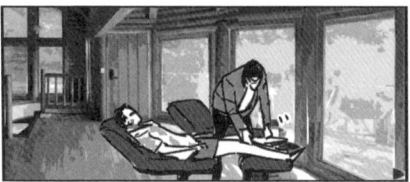

5) 비닐 랩을 스포츠 가방에 담는 만수. 선출의 다리를 들어 라운지체어의 발받침에 올린다.

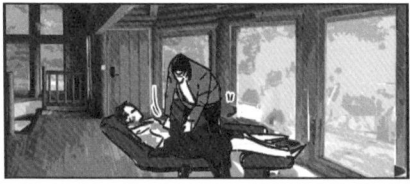

담요를 펼쳐 구깃구깃하게 만든 다음 선출의 몸을 덮는다. 자연스러워 보이도록 선출의 자세를 자는 사람처럼 만든다.

C# 6

6) B 카메라 동시에 – 일을 마친 만수,
창 앞에 서서 어렴풋이 밝아 오는 풍경을 본다.
산으로 초점 이동 –

산이 보이는 풍경.

C# 7

7) 영혼이 빠져나간 듯한 만수 얼굴.

C# 8

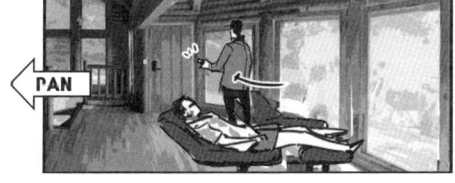

8) **5) 연결**. 리모컨으로 TV를 켜 놓고….
패닝 –

문 앞으로 가는 만수. 실내를 마지막으로 한 번
둘러본 다음, 야외 계단으로 향하는 문을 연다.

C# 1

1)   마치 두 세계가 붙어 있기라도 한 듯 만수가 걸어온다.

C# 2

2)   만수, 거실로 가서 (화면 밖) 미리를 향해 선다.

C# 3

3)   출근 준비를 끝낸 미리가 멍하니 소파에 앉았다.
공들인 화장, 구김 하나 없는 옷.
그러나 피로 말고는 아무 감정도 안 담긴 얼굴.
만수 따라서 전진하는 카메라.

미리
면접 잘 봤어?

C# 4

4)   후진하는 카메라.

만수
응.

C# 5

5) 3) **연결.** 미리 옆에 앉는 만수.

> **만수**
> 잘 잤어?
> **미리**
> 응.

부은 뺨을 주목하는 미리의 시선을 느낀 만수가
입을 크게 벌린다. 들여다보는 미리,
상태를 보고 미간을 찌푸리지만 언급을 회피한다.
만수, 아내를 포옹하려고 상체를 돌리면서 양팔을
뻗는다. 미리, 반사적으로 몸을 살짝 뒤로 뺀다.

더 어색해지기 전에 재빨리 다가앉으며 포옹하는 만수,
꼭 끌어안는다.
카메라, 멈춘다.

C# 6

6) 미리, 순간 움찔하지만 막상 친숙한 품에
안기자 저항하지 않게 된다.

C# 7

7) 만수, 다급하고 간절하게—

> **만수**
> 일 분만.

C# 8

8)　5) 연결. 카메라 후진하는 동안—

미리
(한숨 쉬더니 몸에 힘을 빼고)
····쉰 아홉···· 쉰 여덟···· 쉰 일곱····
만수
올라가 줘.
(카메라 정지)
내려가지 말고.

카메라, 전진하는 동안—

미리
하나···· 둘···· 셋···· 넷····
술 마셨나 보네, 결국.

카메라 정지. 한 박자만 쉬었다가—

만수
어.
미리
탄내도 나.
만수
친구 집에서 불멍했어.
혼자 된 지 반년인데 벌써 외롭다고····
미리
이혼?
만수
집 땜에 헤어졌대,
자연에 살자니까 와이프가 싫어했대.

C# 9

9)　6) 연결. 미리, 감정을 감추려 애쓰면서—

미리
치, 그게 이유가 되나? 참, 뭐 그 정도 갖구····

C# 10

10)　7) 연결.

만수
미안해, 옛날에 수업 듣는다구
안 놀아 주고 그래서····

C# 11

11) 9)**연결.**

미리
그렇게 열심히 살지 말지.

미리, 눈물이 솟는다.

C# 12

12) 10)**연결.** 이상한 낌새를 느끼고 아내의
얼굴을 보려고 몸을 떼려는 만수.

C# 13

13) 11)**연결.** 급히 만수 뒤통수를 잡고 세게 안는
미리.

C# 14

14) 12)**연결.** 아무것도 모르고 좋아서 빙긋 웃는
만수.

만수
몇 초야? 서른?
미리
····쉰 아홉····

당황하는 만수.

C# 15

15) 13) 연결.

미리
에순.

몸을 떼는 미리, 눈물을 안 들키려고 벌떡 일어선다.

C# 16

16) 올려다보지도 않고 아쉬워하면서 가만있는 만수.
한 팔은 포옹했던 자세 그대로. 웃음소리 선행.

C# 1

1) 화장실에서 만수와 만났던 공장장 포함,
세 명의 면접관이 껄껄 웃는다.
만수가 막 농담을 성공시킨 모양이다.

면접관2
아유, 고생 많이 하셨네….

웃음을 정리하는 세 사람.

C# 2

2) 농담을 성공시킨 사람의 여유 있게 흐뭇한
표정. 큰 시련을 통과해 낸 사람다운 만수의 차분한
태도 이면에 강인함이 자리 잡았다. 진지한 태도로
전환하는 만수.

만수
그 시련을 겪으면서 깨달은 거는요―
말씀드렸다시피 저는
'언제나 배우는 사람'이니까요.

C# 1

1) 차에서 내려 집으로 오는 시원 / 리원,
책가방을 멨다.

> **만수**
> (소리)
> 우선 창의적인 구상이 필요하다.
> 여기서 중요한 건····

후진하는 카메라 —

대문이 프레임인된다. 미리 아빠의 택시도 보인다.
아반떼 운전석에서 미리가 내리고 있다.
시원 / 리원, 시투 / 리투를 발견하고 눈이 휘둥그레진다.

> **만수**
> (소리)
> ····발상의 전환이고요.
> 실행 단계에서는 집요하고
> 대담해야 되겠더라구요.
> 그리구 필요하다고 생각될 땐 주저 없이····

미리에게 초점 이동 —
손목시계를 보는 미리.

* 이 씬은 묵음. 사운드는 문 제지 연결.

C# 1

1)　　만수 시점 – 테이블 아래. 면접관들 눈에
안 띄게 살짝만 내린 시선. 시계 찬 손목을 살짝
돌려 시간을 보는 만수.

만수
⋯⋯싫은 건 싫다고 말할 수 있어야 하구요.

C# 2

2)　　(만수 집 마당 교차 편집)
느린 화면으로 시원 시점 – 뛰어가는 핸드헬드
카메라를 향해 달려드는 시투 / 리투.

C# 3

3)　　로우앵글. 자식들을 생각하며 저도 모르게
미소 짓는 만수.

C# 4

4)　　면접관1, 공감하듯 끄덕이더니 불쑥 –

면접관1
'소등 시스템'이라고⋯⋯
저희가 최근에 전자동 공장을 구축했는데요.

C# 5

5)　　(만수 집 마당 교차 편집)
느린 동작으로 시투 / 리투 시점 – 달려오는 시원 / 리원.

C# 6

6) **씬155 C# 2와 같은 셋업.** 고개 들어 면접관을 보는 만수.

> **만수**
> 소등이요?

C# 7

7) (만수 집 마당 교차 편집)
느린 화면. 시원에게 덤벼들어 자빠뜨리는 시투/리투.

C# 8

8) **4) 연결.** 면접관2에게 초점 이동.

> **면접관2**
> AI한텐 뭐, 불이 불필요하니까……

공장장에게 초점 이동.

> **문 제지 공장장**
> 인제 롤을 몽둥이루 두드려 보는 시댄
> 지나갔다 이거지.

C# 9

9) **6) 연결.** 쓴웃음 지으며 끄덕이는 만수.

C# 10

10）　8）**연결.**

문 제지 공장장
하여튼 요 시험가동부터 좀 시급하게
주도해주셔야 하는데요.

C# 11

11）　9）**연결.** 당황하는 만수, 자신감에 균열이 간다.

C# 12

12）（만수 집 마당 교차 편집）
시투/리투와 뒹구는 리원.

만수
（소리）
전자동이라면‥‥

C# 13

13）　11）**연결.**

만수
인력은‥‥

C# 14-1

TRACKING

14-1）멈추지 않는 트래킹으로 연결되는 세 면접관.
먼저 면접관1 정면.

면접관1
아무래도 감축되겠죠?

C# 14-2

14-2) 트래킹, 면접관2.

면접관2
그러려고 만든 시스템이니까요.
어쩔 수가 없죠, 뭐.

트래킹, 공장장.

문 제지 공장장
혹시 거기에 대해 거부감이라도?

C# 15

15) **13) 연결.** 답을 망설이는 만수.

C# 16

16) (만수 집 마당 교차 편집)
개들을 끌어안은 아이들, 아이들을 핥는 개들.
리원은 운다.

초점 이동, 집 앞에 선 미리 부모의 흐뭇한 표정.

C# 17

17） 씬155 C# 1과 같은 셋업.
면접관1이 반농담으로 —

면접관1
싫은 건 싫다고 하셔도 됩니다.

C# 18

18） 15) 연결. 껄껄 웃으며 손사래 치는 만수.

만수
아뇨 아뇨 아뇨……

C# 19

19） （만수 집 마당 교차 편집）
자식들을 내려다보는 미리, 마냥 행복하기만 한
얼굴은 아니다.

C# 20

20） 18) 연결.
만수
시대를 거스를 수가 있나요.
어쨌든 사람이 하나 붙어서
감시는 해야 되잖아요, 그쵸?

스스로를 설득하려는 듯 고개까지 끄덕끄덕하는 만수.

C# 1

1)   중년 형사 시점 – 사과나무 두 그루.
카메라 후진 –

C# 2

2)   망원렌즈. 미리와 젊은 형사, 중년 형사가
담배 피우기를 기다린다.
어린 사과나무 두 그루를 가리키는 중년 형사.

중년 형사
한 그루 더 심으셨네요?

C# 3

3)   B 카메라 동시에 – 망원렌즈.
사과나무 너머로 미리, 불안하다.
불안과 초조를 감추려고 싹싹하게 군다.

미리
어머, 진짜 에리하시네요!
경찰분들은 다 그래요?

(미리 대사가 끝나면 좌향 패닝해서 젊은 형사를 찍는다.)

C# 4

4)   2) 연결. 후배를 돌아보는 중년 형사.

중년 형사
다 그러냐?

C# 5

5) 3) 연결. 사과나무를 보며 –

젊은 형사
그렇진 않죠. 전 알아챘지만.

C# 6

6) 4) 연결.

중년 형사
새끼⋯⋯
미리
들어가 기다리시죠? 차 식는데.

중년형사
무슨 나무예요?
미리
사과 쨈 해 먹으려고요.

C# 7

7) 5) 연결. 사과나무를 보며 –

젊은 형사
맛있겠다.

C# 8

8) 6) 연결. 차 소리 들리자 일제히 돌아보는
세 사람.

C# 9

9)　만수가 탄 택시가 진입로에 들어왔다.
택시에서 내리는 만수.

C# 1

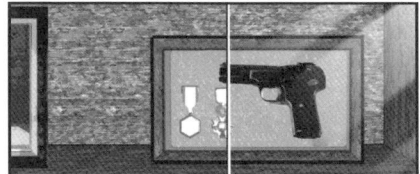

1) 유리 장식장 – 권총이 든 유리 상자.

그 앞에 가족사진 액자를 놓아 가린 후….

장식장 문을 닫는 미리. 걱정하는 얼굴이 유리에
반사된다.

C# 2

2) 미리 너머로, 거실과 식당을 나누는 선반을
통해 보이는 만수와 젊은 형사. 젊은 형사는 차를
마시고 있다. 돌아보는 미리.

화장실에서 중년 형사가 나와 소파로 간다.

젊은 형사
저희가 살인 사건으로 의심하는
젤 큰 이유는….

C# 3

3)   이어서 말을 하려고 할 때 화면 밖에서―

중년 형사
(소리)
유력한 용의자가 떠올랐기 때문이죠.

곧이어 프레임인하는 중년 형사, 젊은 형사 앞을
가로질러 간다.

C# 4

4)   움찔하는 만수 얼굴을 가리고 지나가는
중년 형사의 몸.

C# 5

5)   3) 연결. 소파에 앉는 중년 형사 따라 패닝.

중년 형사
사라짐이 곧 죽음일 수도 있잖아요?
선생님 말마따나.

C# 6-1

6-1)   4) 연결. 억지웃음 짓는 만수.

젊은 형사
(소리)
5년 전에 비밀리에 조폐공사
지정 입찰이 있었다던데요?

카메라 후진.
만수, 화제가 바뀌어 당황하지만 기억을 더듬어
본 후―

만수
네, 경쟁이 너무 치열했죠……
저 있던 [태양]은 세 개 지정사 중
하나긴 했지만 입찰할 생각을 아예 안 했고.

카메라 계속 후진, 중년 형사와 젊은 형사가
프레임인된다.

C# 6-2

6-2)
젊은 형사
그럼 누가 입찰을 했을까요?
중년 형사
양대 제지사의 대표 자격으로 맞붙은 두 사람.
이 사운을 건 피 말리는 입찰 경쟁의
라이벌은……

C# 7

7)
중년 형사
……누구였을까요?

젊은 형사, 드라마틱한 뜸들이기 후 태블릿 PC로
사진을 보여 준다.

C# 8

8) 테이블 위로 내밀어지는 태블릿 PC – 만수가
범모의 집에서 본 [종이의 날] 기념사진이다.
일곱 명이 담긴 이 사진은 왼손에는 (만수 머리를
때린) 트로피, 오른손에는 칵테일잔을 들고 카메라를
보는 범모가 주인공처럼 찍혔지만 이제 보니 오른쪽
배경에서 정면으로 걸어오는 시조도 보인다.
두 남자 얼굴에 노란색 동그라미를 쳐 놓았다.

C# 9

9) 사진을 보는 만수.

C# 10-1

10-1) 8) 연결. 태블릿 PC – [종이의 날] 기념사진.

젊은 형사
(소리)
구범모와……

C# 10-2

10-2) 중년 형사 손이 프레임인하며, 시조 얼굴을
확대한다.

중년 형사

(소리)

고 시 조!

C# 11

11) 9) 연결. 태블릿 PC의 고시조 얼굴이
확대되는 속도로 줌인.

만수

아······

C# 12

12) 7) 연결. 중년 형사, 잘난 체하고 싶은 맘을
억누르기가 쉽지 않다. 그의 입꼬리가 자랑스러운
미소로 호를 그린다.

아라

(소리)

맞아요, 예······

그러고 보니 그때부터 좀 이상했어요.

C# 1

1)　　두 형사 어깨너머 아라를 향해 카메라 전진.
아라는 스타일을 바꿨다. 수수한 화장과 옷차림,
무대에 오를 준비가 되었다. '남편을 잃고 울부짖는
여인'다워 보인다.

아라
대전 출장 다녀온 그날예요,
제가 새벽에 그이 잠꼬대 때문에 깼어요.
울다가 낑낑대다가···· 억울하다느니
자길 모욕하지 말라느니 막 그럼서.
그러다가 글쎄, 세상에···· 캬오크어어억.
분명히 자는 사람이 그 가래침을 그렇게
입에 모아가지구 주둥이를 요리조리
조준을 하더니 퉤! 뱉는 거예요.
누워서 그럼 어떻게 되겠어,
지 얼굴에 지가 침을 맞잖아요····
지두 놀라서 깨더라구요.

C# 2

2)　　중년 형사, 감동한 얼굴.

중년 형사
대전 갔다 온 날?

C# 3

3)　　젊은 형사, 상체를 내밀며–

젊은 형사
억울하다고?

C# 4

4)　　1)연결. 끄덕이는 아라.

C# 5

5) **3) 연결.** 젊은 형사, 다시 뒤로 등을 기대 앉는다.

C# 1

1)   뒤로 등을 기대앉는 젊은 형사, 눈을 반짝이며 만수에게 설명한다.

젊은 형사

아시겠지만 조폐공사가 대전에 있죠.

C# 2

2)   아~ 하고 맞장구쳐 주는 만수.

C# 1

1)　아라 눈에 물이 차오른다.

아라
그 무렵부터였을까요?
항상 여기서 음악만 듣고 절 피했어요.
어쩌다 같이 밥 먹을 때 전화가 와도
꼭 나가서 받더니 해고된 후론 아예
⋯⋯알콜 의존에⋯⋯ 우울증에⋯⋯
맙소사, 약도 안 가져갔어요!
(준비한 소품, 약통을 쥐고)
도대체 어딨는 거야⋯⋯ 전화도 꺼 놓고⋯⋯

끌어낸 눈물이 볼을 타고 구르도록 둔다.

2)　중년 형사에게 허락을 구하는 눈빛을 던지는
젊은 형사. 끄덕이는 중년 형사.

C# 2

젊은 형사
혹시 남편분한테⋯⋯

C# 3

3)　열연을 마치고 감정을 추스르는 아라.

젊은 형사
(소리)
⋯⋯권총이 있나요?

놀라 형사들을 보는 아라. 머리 굴릴 동안 정적,
카메라 전진.

아라, 조심스럽게 끄덕.

C# 4

4)　망원렌즈. 예리한 질문을 던지는 자신에게
감탄하며 –
중년 형사
왜 이렇게 답을 늦게 하시는지
여쭤봐도 될까요?

C# 5

5)　3) 연결.
아라
총 갖구 있으려면 경찰에 신고해야
한다면서요? 안 했거든요.
외국 친구가 재미로 선물했다나,
뭐 쓸 것도 아닌데 뭐 하러 신고하냐고.
그리구⋯⋯
실컷 뜸 들이는 아라.

C# 6

PAN

6)　4) 연결. 호형 트래킹/패닝.
중년 형사에서⋯

PAN

젊은 형사로.

C# 7

7)　5) 연결.
아라
남편하고 함께 사라졌거든요.
형사님껜 솔직해야 할 것 같아서요.
그걸루 자살할 수도 있잖아요,
빨리 좀 찾아 주세요.

C# 8

8) 태블릿 PC에서 준비한 파일을 찾는 젊은 형사.

젊은 형사
어떤 권총인지 모르시죠?
제조사, 모델명 이런 거.
(고개 젓는 아라)
이 중에 있을까요?

태블릿 PC를 내미는 젊은 형사.

C# 9-1

9-1) 태블릿 PC – 50여 종의 권총 사진들을
한 페이지에 모았다.

태블릿 PC를 아라 쪽으로 돌려 주는 젊은 형사.
(리깅된 카메라 + VFX)

아라의 손이 프레임인, 권총 사진을 확대해서
넘긴다. 결국 손가락으로 하나를 짚더니 형사들을
보며 조심스럽게—

아라
이거?

태블릿 PC를 다시 제 쪽으로 돌리는 젊은 형사.

사진을 들여다보는 젊은 형사.
역시 북한제 64식 권총이다.

C# 9-2

9-2) 젊은 형사가 들여다본 다음 중년 형사가 잘
보이도록 태블릿 PC의 각도를 틀어 준다.

몸을 앞으로 기울여 프레임인하는 중년 형사,
젊은 형사를 돌아본다.

만수에게 유력한 용의자인 구범모를 조심하라 경고하는 형사들

C# 1

1)　젊은 형사로부터 만수에게로 시선을 옮기는
중년 형사.

추리가 척척 맞아 가는 과정을 돌이켜 보니 새삼
즐겁다.

C# 2

2)　행복감을 감추는 만수,
이 이야기가 어디로 흘러갈지 궁금하다.

C# 3

3)　1) 연결.
중년 형사
구범모를 조심하십쇼, 얼굴 잘 봐 두세요.

C# 4-1

4-1)　젊은 형사가 다시 띄워 주는 범모와 시조 사진을
들여다보는 만수, 이 미칠 것 같은 행복감이 섣부른 것이
아니기를 염원하며 또 한 번 확인한다.

만수
구범모 씨가 고시조 씨를 죽이고
도망갔다고요……

오른 다리를 떨기 시작하는 만수.
호형 트래킹 / 붐다운 / 전진 —

C# 4-2

4-2) 왼 다리를 포개 누른다. 멀리 미리가 보인다. 고개 들어 형사들을 향해—

만수
⋯⋯도대체 왜 그랬을까요?

미리에게 초점 이동.

C# 5

5) 젊은 형사, 태블릿을 챙기며—

젊은 형사
수배했으니까 잡으면 다 밝혀지겠죠.
국정원도 나섰고, 이제 시간 문젭니다.

C# 6

6) **4) 연결.** 미리에 있던 초점이⋯⋯

만수로 이동한다. 포갠 왼 다리를 내리며—

만수
국정원이요? 아~ 북한 총 때문에?

C# 7

7) 5) **연결.** 두 형사, 주거니 받거니.

> **젊은 형사**
> (끄덕이고)
> 구 씨가 국방부 납품 일을 오래 했다는 것도
> 우연은 아닐 테고요.
> **중년 형사**
> 그러니 위조 지폐 하는 국제 조직이나 아니면
> 북한군 정찰총국에 초점을 맞춰야 한다⋯⋯

C# 8

8) 6) **연결.** 두 형사가 주거니 받거니 하는 소리를
듣는 만수.

> **젊은 형사**
> 구 씨가 매수됐거나 세뇌됐을 가능성이
> 아주 없진 않다!
> **중년 형사**
> ⋯⋯하는 내용이 담긴 보고서를
> 내가 제출한 결과⋯⋯ 뭐⋯⋯
> **젊은 형사**
> 국정원인 거죠.

상황의 부조리함에 어안이 벙벙해지는 만수.
하지만 두 형사는 만수가 자기네 추리력에
감탄하고 있다고 생각한다.
형사들 대화 끝나면 아내를 돌아보는 만수.
(C# 7과 C# 8은 교차편집)

C# 9

9)

> **만수**
> (소리)
> 여보?

C# 10

10) 남편을 뚫어지게 바라보는 미리.

| 새벽 | O | 06:00 | 마당 |

만수를 배웅하는 식구들

C# 1

1)	배롱나무 근처에 멍하니 선 미리.

> 만수
> (소리)
> 여보?

C# 2

2)	우산 들고 마당 한복판에 선 만수가,
아내를 빤히 본다.

C# 3

3)	1) 연결. 번뜩 정신 차리고 −

> 미리
> 응?

아무렇지도 않은 척 미소를 짓는다.

C# 4

4)	2) 연결.

> 만수
> 뭐 할 얘기 있어?

C# 5-1

5-1)	시원이 엄마 곁에서 우산을 씌워 주고 섰다.
리원은 시투 / 리투를 거느렸다. 이 셋은 똑같은
우비를 입었다.
내키지 않는 과제를 해치우듯 남편에게
다가오는 미리. 경호원처럼 우산 들고 따르는 시원.
후진하는 핸드헬드 카메라 −

C# 5-2

C# 6

6)   4) 연결. 카메라 전진 —

정지.

C# 7

7)   5) 연결. 멈춰 선 미리, 희미한 웃음.

미리
축하해, 첫 출근.

C# 8

8)   6) 연결. 이 말이 얼마나 듣고 싶었던지!
콧날이 시큰해진다. 만수, 처자식을 하나하나 보며
쾌활하게 —

만수
이번 주말에 통돼지 바베큐?

C# 9

9) 7) **연결.** 질색하는 미리와 시원.

> **미리**
> 아니!
> **시원**
> 싫어!

C# 10

10) 8) **연결.** 아내와 아들의 반응에 당황하는 만수.

C# 11

PAN

11) 만수 시점 – 아들을 잠시 보는 만수. 시선 회피하는 시원.

> **미리**
> (소리)
> 걱정 마.

미리로 시선이 옮겨 간다 –

PAN

> **미리**
> 내가 지킬게, 우리 가족.

C# 12

12) 두 우산 사이에 끼인 듯한 만수, 알쏭달쏭한 말이지만 그냥 허허 웃고 –

> **만수**
> 치과 그만 나가고 테니스 다시 해.
> 새 라켓 사 줄게.

C# 13

13) 11) 연결.

미리
이제 안 해, 그런 거. 돈 모을 거야.
치과도 풀타임으로 바꿨어.

미소를 머금었지만 눈빛은 단호하다.

C# 14

14) 12) 연결. 이유를 물으려다 마는 만수,
시선을 돌린다.

C# 15

15) 만수 시점 – (시신이 묻힌) 사과나무 아래
흙의 냄새를 맡는 시투/리투.

C# 16

16) 당황하는 만수 표정을 보고 덩달아 사과나무
쪽으로 시선을 돌리는 미리.

C# 17

17) 미리, 손가락질하며 엄하게–

미리
시투 리투, 하우스!

C# 18

18) 시투 / 리투의 시점 – 개집을 향해 뛰어가는 핸드헬드 카메라.

C# 19

19) 막 뛰어서 개집에 들어가는 시투와 리투. 긴장 푸는 만수, 걸어온다. 카메라 후진해서–

대문을 통과한다.

미리
부동산에 말했어, 안 판다고.

멈춰 서는 만수, 돌아본다.

C# 20

20) 돌아보는 만수의 화색이 도는 얼굴.

C# 21

21) 망원렌즈. 남편 얼굴을 담담하게 보다가–

미리
사과나무까지 심었잖아, 어떻게 팔아.

C# 22

22) **20) 연결.** 얼떨결에 당연하다는 듯 끄덕이는
만수, 리원에게 가면서 프레임아웃한다.

C# 23

23) 리원에게 간 만수, 안으려고 허리를 굽혔다가
제 옷까지 젖을까 봐 그만둔다. 엉거주춤 대신
손바닥을 내밀며 하이파이브를 기다리는 만수.

만수
아빠 갔다 올게. 엄마 말 잘 들어.

C# 24

24) 리원, 해맑은 표정으로 하이파이브하며 ―

리원
벌레가 끓어 가지고 다 죽어 가더라?

C# 25

25) **23) 연결.** 쓴웃음 지으며 손 내리는 만수.

C# 1

1) 망원렌즈. 리깅된 카메라.
운전하는 만수의 얼굴. 와이퍼가 지나간다.
가족과의 작별 장면을 음미하면서 갸우뚱.

울퉁불퉁한 길을 지난다.

C# 2

2) 집의 진입로를 빠져나가는 만수 차.

프레임아웃하면ㅡ

대문을 닫는 미리와 시원으로 초점 이동.

C# 3

3)　만수 집이 조그맣게 보이는 풍경.
타운하우스 거주자의 고급 차들이 앞뒤로 달린다.

C# 4

4)　타운하우스 단지와 만수 집.

C# 1

1)　계단 오르는 리원과 시투 / 리투.
우비에서 물이 뚝뚝 떨어진다.
사선으로 상승하는 카메라.

C# 1

1)   들어오는 미리와 시원.

미리가 문을 닫는 사이 쭈뼛쭈뼛 분재들을
둘러보는 시원.
>   **시원**
> 뭔데…… 왜 여긴데……
>   **미리**
> 리원이 들으면 안 되니까 그러지.
>   아빠 얘긴데……

C# 2

2)   겁먹는 시원.
>   **시원**
> 돼지고기가 아니었어?

C# 3

3)   아들을 예민하게 관찰하며, 준비한 말을
또박또박 기복 없는 톤으로 말하는 미리.

>   **미리**
> 너두 이제 알아야 된다고 생각해, 다 컸으니까.
> 사실은 방금 떠난 저 남자, 네 친아빠 아냐.
> 친아빠 나하고 너무 많이 싸우다가
>   너 한 살 때 헤어졌어.

C# 4

4)   **2)연결.** 얼굴 하얘지는 시원.

C# 5

5) 3)연결.

미리

그리구 너 두 살 때 유만수 씨 만나서
재혼했어, 널 정말 이뻐해 주고
엄말 잘 웃겨 주는……
(다음 말을 꺼내려는 순간 울컥하지만 억누르고)
……남자였거든. 그래도 어떤 사람인지
궁금하지, 진짜 아빠? 이름은……

C# 6

6) 4)연결.

시원

됐어, 알고 싶지 않아. 귀찮아, 살던 대로 살래.
두 살 때부터 아빠면 진짜 아빠지, 씨발.
(생각할수록 화가 나)
왜 지금 그 얘길 하는데?

C# 7

7) 5)연결. 아들의 턱과 인중을 쓰다듬는 미리.

미리

내 새끼 면도할 나이 되면 말해 주기로
약속했거든.

C# 8

8) 6)연결.

시원

약속? 누구하고?

C# 1

1) 방향지시등 레버를 탁 쳐 내리는 만수의 손.

C# 2

2) 깜빡이가 켜진다.
카메라 붐업하면—

첫 출근의 설렘을 안고 운전하는 만수, 1차로에
들어가려고 핸들을 돌리는 순간 뒤에서 오던
차가 부웅 튀어나온다.

빵빵거리며 아슬아슬하게 스쳐 지나가는
과속 차량.

놀라는 만수, 2차로로 급히 돌아간다.

C# 3

3) 창 너머 보이는 만수 얼굴이 불안과 걱정으로
굳어 간다.

C# 1

1)   시투/리투 흙 발자국.

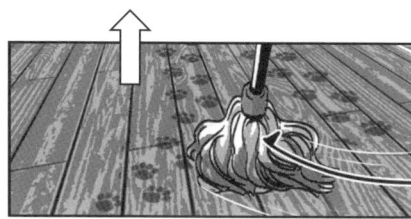

대걸레로 닦으면서 프레임인하는 미리.
카메라 틸트업－

교복으로 갈아입은 시원이 백팩을 메고 우비를
입으면서 계단을 뛰어 내려온다.

미리
벌써 가?

카메라 옆을 스쳐 프레임아웃하는 시원.
화면 밖 아들을 돌아보는 미리.

C# 2

2)

시원
동호랑 일찍 가기로 했어.

C# 3

3)　1) 연결.

미리
아직도 친해, 동호하고?

C# 4

4)　2) 연결. 시원이 무슨 소리를 듣고
엄마에게 "쉿" 한다.
귀 기울이면 첼로 소리.
카메라 후진─

미리가 프레임인된다. 고개 돌려 계단을 보는 미리.
후진 / 상승하는 카메라를 따라 발을 떼는 미리····

홀린 듯 계단을 오른다.
카메라 멈추고 미리는 계속 올라와 프레임아웃한다.

C# 1

1) 리원 방을 향한 바닥 높이 앵글.
바닥에 길게 난 물 발자국.
문 앞에 벗어 놓은 우비들.
카메라 전진하는 중에—

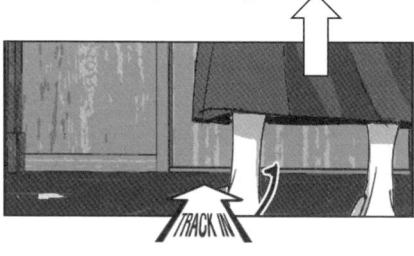

계단을 올라온 미리가 프레임인한다.
리원 방으로 가는 미리.
첼로 소리가 점점 커진다.
카메라 붐업—

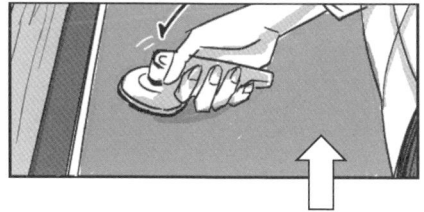

문고리를 잡는 미리의 손.

C# 1

1)   거침없이 활을 놀리는 리원의 오른손.
송진 가루가 날린다.

C# 2

2)   어지럽게 지판을 짚는 왼손.
패닝 −

리원이 눈을 들어 악보를 본다.

C# 3

3)   카메라 바로 앞으로 다가오는 미리.
눈코만 보이는 정면 클로즈업.
리원 방문 앞에 서서 열까 말까 망설인다.

C# 4-1

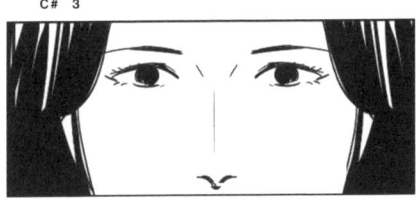

4-1) 디졸브. 확대된 복잡한 패턴을 트래킹으로
훑어간다.

C# 4-2

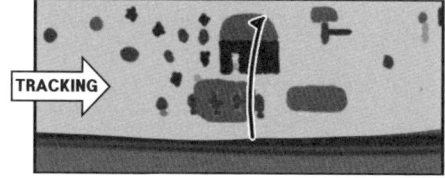

4-2) 페이지가 넘어간다.

C# 5

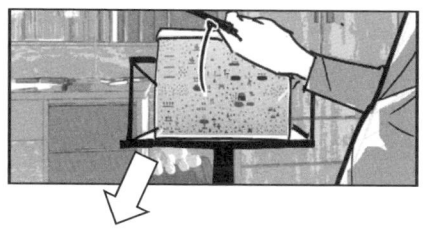

5) 리원이 그림 악보의 페이지를 넘긴다.
보면대에 놓인 스케치북을 보면서 마랭 마레의
곡을 연주한다.
카메라 하강하면—

얌전히 엎드려서 음악을 경청하는 시투 / 리투.
주위로 물이 흥건하다.

C# 6

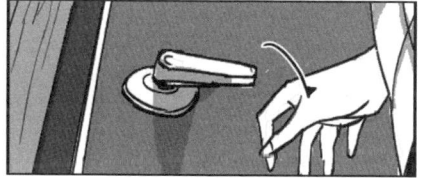

6) **씬170의 C# 1 연결.** 문고리를 놓았다가 다시
잡는 미리의 손.

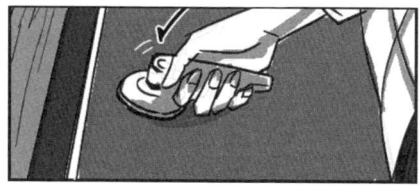

C# 7

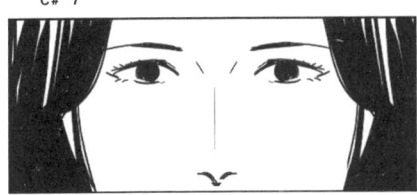

7)　　3) **연결**. 미리 얼굴이 조금 멀어졌다가 다시
다가온다.

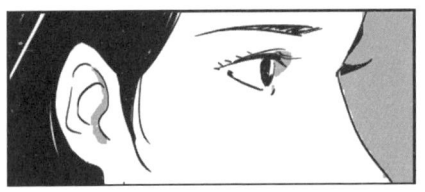

이번엔 귀를 댄다.

C# 8

8)　　갑자기 리투가 일어나 몸을 턴다.
물방울이 사방으로 튄다.

C# 1

1)　시원, 자전거를 끌고 대문을 향해 걷는다.

고개 돌려 집 2층을 보면서 음악을 듣는다.
동생의 첼로 연주에 홀린 얼굴이다.

C# 2

2)　대문을 향해 걷는 시원의 시점.
멀어지는 집의 2층을 향해 줌인—

조심스럽게 방문을 여는 미리, 쉬지 않고 연주하는 리원

C# 1

1) 연주하는 리원 너머 방 문이 살며시 열린다.
미리가 들여다본다.

C# 2

2) 미리를 슬쩍 돌아보는 리원.

이내 음악에 다시 몰두한다.

C# 3

3) **1) 연결.** 문지방에 주저앉는 미리.
몸의 반만 방에 들어온 상태로 리원을 본다.

C# 4

4) **씬171의 C# 2 연결.** 연주하는 리원,
이제 눈 감고 입가에 미소까지.

C# 1

1) 자전거 타고 달리는 시원.
카메라가 후진 속도를 높이자―

시원은 멀어지고‥‥

동호가 프레임인된다.
자전거 타면서 팔을 뻗는 동호.

시원이 속도를 내면서 따라붙는다. 동호 옆으로
오면서 팔을 뻗는 시원, 동호의 손바닥을 탁 친다.

나란히 달리는 두 친구.

C# 1

1)   첼로 음악 계속. 차들이 서행한다.

카메라 하강—

만수가 드러난다.

약간 머리를 내밀어 멀리 보려고 한다.

C# 2-1

2-1)   만수 시점 – 바로 앞 트럭이 조금 앞으로 가면서⋯

C# 2-2

2-2) 트럭에 가려져 있던 공장이 보인다.
[문 제지]라는 글씨가 칠해진 굴뚝이 우뚝 솟았다.

C# 3

3) 몸을 바로 하는 만수.

차가 앞으로 간다.

C# 4-1

4-1) 하늘에서 본 모습 – 장난감 같은 차들, 서행한다.
카메라 상승 –

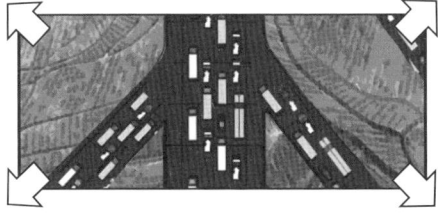

행진하는 개미 떼처럼 수십 대의 차가 공장을 향해
깔때기 속으로 빨려가듯 몰려든다.

C# 4-2

4-2) 만수 차 말고는 대부분 목재와 폐지를 잔뜩 실은 화물차들이다.

C# 1

1)　하이앵글. 어두운 공장. 기계 돌아가는 소음이
첼로 소리를 거의 잡아먹다시피 한다.

문이 열리고 만수 들어온다.
우회전해서 5m쯤 걸어간다.
(밤에 촬영. 창을 막는 VFX)

C# 2

2)　로우앵글. 태블릿 PC를 켜는 만수.
얼굴에 빛. [문 제지] 점퍼를 입었다.

C# 3

3)　태블릿 PC를 내리면 금속 커버가 올라가면서
줄지어 선 드라이어 기계들이 모습을 드러낸다.
내부 조명도 켜진다.

C# 4

4)　드라이어 커버가 일제히 올라간다.
이어 탁탁탁 조명이 차례로 켜지면서 거대한 공간이
밝아진다.
(커버 올라가는 속도＆조명 켜지는 속도 빠르게 VFX)

C# 5

5) **2) 연결**. 기계들을 둘러보는 만수.
드디어 여기 왔다. 행복한가? 허탈한가?
(밤 촬영)

C# 6

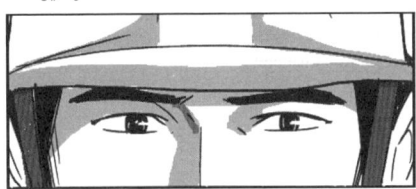

6) 상상에 빠져드는 만수.

낮 | L | 09:03 | **[문 제지] 조림지 – 만수의 상상**

끝없이 펼쳐진 땅이 그루터기들만 남은 채 휑하다. 일정한 속도로 혼자 일하는 로봇

C# 1

1)   공장 소음 계속, 조림지의 소리는 안 들린다.
숲의 꼭대기. 나무 한 그루가 흔들.

C# 2

2)   나무의 밑둥을 꽉 문 벌목기.
톱날이 나무를 벤다.

C# 3

3)   베어 낸 나무를 옆으로 눕힌 다음
일정한 길이로 썬다.

C# 4

4)   그루터기만 남은 황량한 벌판.
멀리, 베이기를 기다리는 숲.
벌목기가 잘라 모아 놓은 통나무를 집어 올리는,
기계 팔 달린 트럭 한 대. 일정한 속도로 혼자 일한다.

C# 1

1) 광각렌즈. 수평 트래킹,
드라이어 섹션을 걷는 만수.

C# 2

2) 하이앵글. 걸어가는 만수.
무인 지게차가 마주 온다.

C# 3

3) 2층. 기계들 사이로 조그맣게 보이는 만수.
계단을 올라와 멀어진다.

C# 4-1

4-1) 태블릿 PC 봤다가 기계 봤다가 하면서 오는 만수.
크레딧 오르기 시작.
롤에 감긴 종이를 북채로 두드려 보는 만수,
만족한 얼굴.

C# 4-2

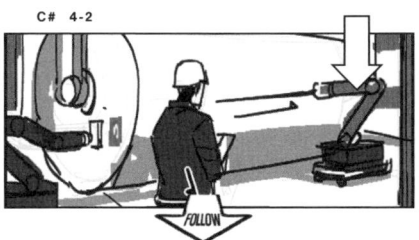

4-2) 좌회전해서 계속 걷는 만수를 데리고
후진하는 카메라.
로봇들이 나타나서 스탬프도 찍고 종이를 가로로
찢는다. 그 모습을 구경하느라 뒷걸음으로 걷는 만수.
붐다운—
천장 크레인이 롤을 들어 올린다.

운반되기를 기다리는 점보롤들이 늘어선 길을 걷는 만수.
붐업—

고도로 업무에 집중한 얼굴이 화면 밖으로 나간다.

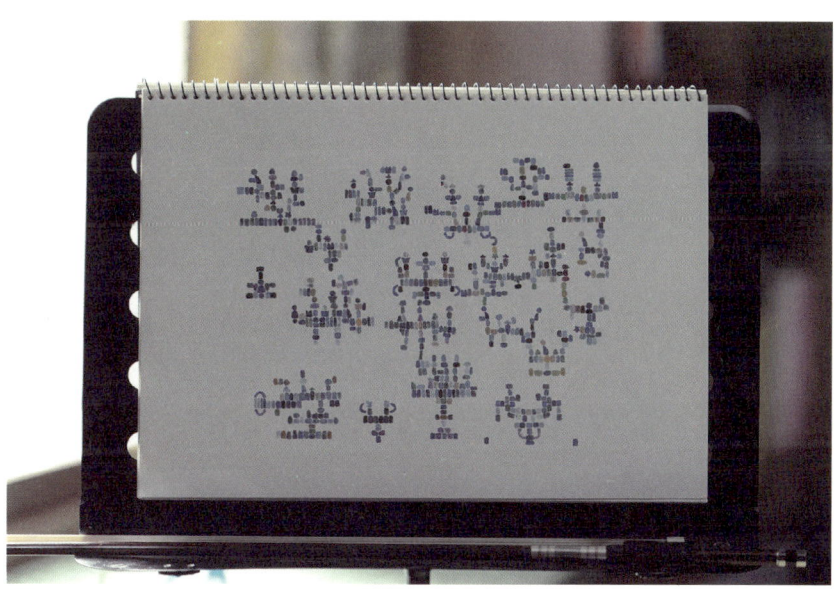

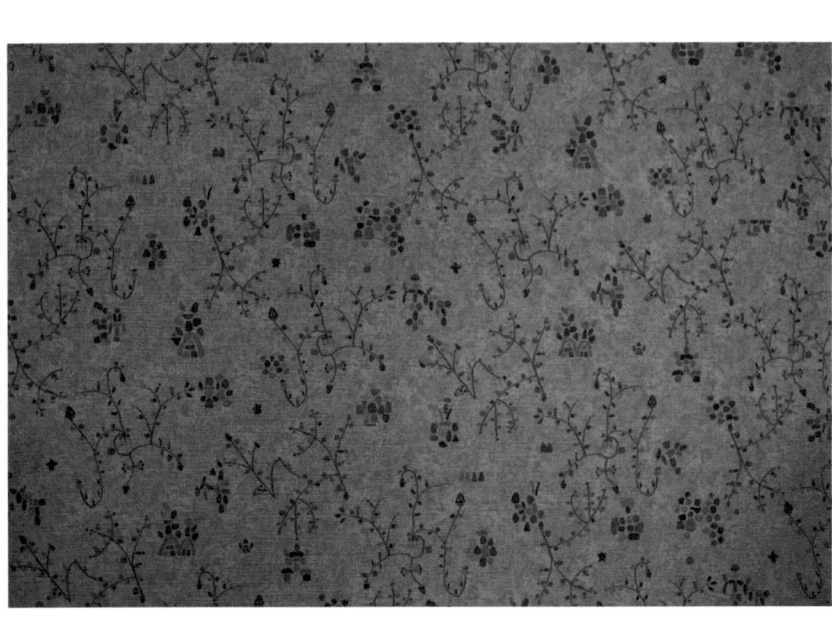